James R. Shott

Batseba

James R. Shott

Batseba

BRUNNEN
VERLAG GIESSEN · BASEL

ABCteam-Bücher erscheinen in folgenden Verlagen:
Aussaat Verlag Neukirchen-Vluyn
R. Brockhaus Verlag Wuppertal und Zürich
Brunnen Verlag Gießen und Basel
Christliches Verlagshaus Stuttgart
Oncken Verlag Wuppertal und Kassel

Titel der amerikanischen Originalausgabe: Bathsheba

Aus dem Amerikanischen von Angela Klein-Esselborn
Lektorat: Eva-Maria Busch

Umschlagfotos: Photodisc und Creative Collection
Umschlaggestaltung: Ralf Simon
Satz: DTP Brunnen
Herstellung: Wiener Verlag
ISBN 3-7655-1653-8

Und es begab sich,
dass David um den Abend
aufstand von seinem Lager
und sich auf dem Dach
des Königshauses erging;
da sah er vom Dach aus
eine Frau sich waschen;
und die Frau war
von sehr schöner Gestalt.

2. Samuel 11, 2

I

„Königin Abigail ist tot!“

Uria der Hetiter stand am Tor seines Hauses, den Helm in der Hand. Sein schwarz gelocktes Haar und der Bart schimmerten heute weiß vor lauter Asche, die er über sein Haupt geworfen hatte. Die Kleidung unter seiner Rüstung war zerfetzt. In schmutzigen Rinnsalen liefen ihm Tränen über das Gesicht.

Seine Frau Batseba stand oben auf dem Dach des Hauses und überblickte ihren Hof. Sie nickte. Die Nachricht ihres Mannes kam nicht unerwartet. Einen Monat lang hatte Königin Abigail gegen das Fieber angekämpft. Zuletzt hatte man nur noch gehört, dass die Hoffnung auf Genesung aufgegeben worden sei.

Batseba zerriss ihr Kleid. Vom Palast her war schon das Jammern und Klagen herübergedrungen, und sie hatte erraten, was geschehen war. Daraufhin war sie schnell in ein altes Kleid geschlüpft. Warum sollte sie eins ihrer guten Kleider ruinieren?

Sie erhob ihre Stimme zu einem Klagegeheul: „Ach meine Königin! Du Licht Israels! Davids große Liebe! Erste Frau im Königshause! Ach, ach, ach!“

Auf die Brüstung hatte sie eine Schale mit Asche gestellt und darauf gewartet, dass ihr Mann nach Hause kam und die Nachricht verkündete. Batseba nahm sich eine Hand voll und streute Asche über das Haupt, dann noch eine Hand voll für ihr Kleid.

Wie sie das hasste ... Sie fühlte sich staubig und besudelt. Am Abend, nach der üblichen Trauerzeit, sollte ihre Dienerin Hefzibah für sie auf dem Dach ein Bad bereiten. Sie musste allerdings bis nach Einbruch der Dunkelheit warten, denn seit dem Bau des Palastes nebenan war das Dach tagsüber kein abgeschiedener Ort mehr.

Batseba stimmte wieder ein zaghaftes Klagen an, sorgfältig darauf bedacht, ihre Stimme nicht zu ruinieren – sonst würde sie morgen nicht reden können.

„Komm, Frau!“ Urias Stimme klang heiser vor Trauer. „Wir müssen zum Palast gehen. Der König braucht uns.“

Batseba stieg die Stufen zum Hof hinunter. Die Trauer ihres Mannes war im Gegensatz zu der ihren – offensichtlich echt. Er trauerte nicht um Abigail, die er kaum gekannt hatte, sondern um David, den er liebte.

Eigentlich, dachte Batseba bitter, *liebt er David mehr als mich*. Schon lange wusste sie, dass Uria drei große Lieben hatte: den Krieg, den König, und sie, seine Frau. In dieser Reihenfolge. Sein Schwert hing immer griffbereit an seiner Seite; Helm, Brustharnisch und Beinschienen trug er Tag und Nacht – nur glücklicherweise nicht im Bett.

Als sie über den Hof auf ihren Mann zuging, bemerkte sie seine rotgeränderten Augen, den gequälten Gesichtsausdruck, die vom lauten Wehklagen heiser gewordene Stimme. Würde er genauso heftig trauern, wenn sie starb? Vermutlich nicht. Er würde sie nicht vermissen, solange er seinem ehrgeizigen König in die Schlacht folgte.

Demütig folgte Batseba ihrem Mann hinüber zum Palast, dessen Mauern direkt an ihr Grundstück grenzten. Der neue Palast. Liebevoll erbaut von dem König für seine Lieblingsfrau Abigail. Als das Fieber sie im vergangenen Monat in Hebron überfiel, hatte sie darauf bestanden, nach Jerusalem gebracht zu werden. Ob sie geahnt hatte, dass das Fieber sie dahinraffen würde? Sie wollte offenbar in ihrem neuen Zuhause sterben.

Der Königspalast war ein überwältigendes Bauwerk. Sobald die tyrrhenischen Baumeister mit der Grundsteinlegung begonnen hatten, hatte Batseba bei ihrem Mann darauf gedrängt, das jebusitische Nachbarhaus für sich zu beanspruchen. Uria hatte willig zugestimmt. Er wollte so nah wie möglich bei seinem König sein.

Sie waren eingezogen in dem Wissen, dass sie nun zur Gesellschaft im direkten Umfeld des Königshauses gehörten. Wenn Batseba sich ganz vorn an eine Ecke ihres Daches stellte, konnte sie das Kommen und Gehen an den Palasttoren beobachten. Und da ihr Mann ein hochrangiger Offizier war – er gehörte zu den „dreißig Helden“ des Königs –, wurde sie oftmals zu höfischen Anlässen gebeten.

Sie stieg die polierten Kalksteinstufen hoch; vor ihr ragten die

Eisentore zwischen zwei Steinsäulen auf. Jedesmal genoss sie diesen Augenblick, wenn sie den neuen Königspalast betrat. Schon früher hatte sie sich manchmal ausgemalt, wie es wäre, wenn sie – und nicht Abigail – Königin über Israel wäre. Genauso erging es ihr jetzt.

Batseba atmete tief durch, sog den süßen Duft von Zedernholz ein. Alles war so prächtig – die polierten Kalksteinböden, die Zederntäfelung im riesigen Thronsaal, die Wandteppiche. Sonnenstrahlen brachen sich durch Luken unter der Decke Bahn. Farben kokettierten miteinander: das Rotgold des Zedernholzes, die Rot- und Blautöne der Wandteppiche, das funkelnde Weiß des Fußbodens.

Ihr Zuhause. Ihr Palast. Sie Königin über Israel. Sie die große Liebe Davids, des Gesalbten des Herrn. Ahh ... wenn das nur wahr wäre.

Im Thronsaal drängelten sich die Menschen, die dem König Respekt bezeugen wollten. Alle sahen sie ungepflegt aus, das wurde von ihnen erwartet. Die Männer ohne Kopfbedeckung, Haare und Bart grau vor Asche, die Kleidung schmutzig und eingerissen. Die Frauen, die sich an den Seiten aufhielten, um den Männern den Vortritt zu lassen, waren staubig und zerlumpt. Trauer erfüllte den Raum, hohe Stimmen, die wehklagten, und tiefe Stimmen, die ächzten, jammerten, stöhnten.

Trauer bringt nicht gerade die schönste Seite des Menschen zur Geltung, ging es Batseba durch den Sinn, während sie ihrer Brust ein leises Weinen entlockte.

Ihre Augen wanderten zu dem Thron auf einem Podest an der Rückwand. Riesig, majestätisch ... und leer. Sie hatte den König noch nie auf diesem Thron gesehen. Er gehörte hierher. Er war Gottes Erwählter, dazu ausersehen, das Volk Israel seiner Bestimmung zuzuführen. Doch heute war der Thron leer.

Auf dem Podest neben dem Thron stand Ahitofel, ihr Großvater, einer der engsten Berater Davids. Weder sie brachte ihm große Zuneigung entgegen, noch er ihr. Er war immer zu beschäftigt. Wahrscheinlich war ihm auch ihre Ehe mit einem Ausländer nicht recht.

Batseba schaute sich in dem Getümmel der Menschen um, die

zum Palast gekommen waren, um dem trauernden König ihre Ehre zu erweisen. Hier war alles, was Rang und Namen hatte. Davids Helden und Freunde. Seine engsten Vertrauten und Ratgeber vom Militär. Da war Joab, sein Heerführer. Und Benaja, Befehlshaber seiner Leibwache. Abischai, Joabs Bruder. Und Schamma. Und Hezro. Und Eleasar. Und Adino. Und ihr Ehemann, Uria der Hetiter. Allesamt Legenden. Raue, kräftige Männer, sonnengegerbt vom Leben im Freien, erfahren in ihrem Beruf, dem Kriegshandwerk. Jetzt durch die Trauer wie gelähmt.

Nathan, der Weise, erschien. Batseba verzog sich ganz nach hinten, als er durch den Thronsaal schritt. Jeder machte ihm Platz.

Er – und nur er – war nicht vor Trauer verzehrt. Nathan sah aus wie immer: die Haare ungekämmt, das Gesicht schmutzig, die Kleidung zerlumpt. Er war der Prophet Gottes.

Batseba hatte ihn früher schon einmal gesehen. Vor etwa zwei Wochen war er auf einer Straße in Jerusalem an ihr vorübergeschritten. Seine glühenden Augen hatten sie missbilligend angestarrt. Wann immer er auftrat, deckte er Unrecht auf. Kein Wunder, dass alle ihn fürchteten. Auch heute scheuten die Menschen vor ihm zurück.

„Wo ist Gottes Gesalbter?“, fragte Nathan mit lauter Stimme.

Joab, der wagemutige Soldat, traute sich als Einziger zu antworten. Er blickte den Mann Gottes furchtlos an und brummte: „Er trauert. Lasst ihn in Ruhe.“

„Das Grab ist fertig. Es wird Zeit.“

Joab blieb fest: „Das weiß er schon. Er kommt, wenn er so weit ist.“

Nathan zögerte.

Aber einer musste David Bescheid sagen, dass sein Volk auf ihn wartete, damit er den Trauerzug zum Grab anführte. Niemand schien geneigt zu gehen. Vielmehr standen sie alle in Grüppchen herum, jammerten und klagten … und waren vollkommen hilflos.

Ich gehe hin, beschloss Batseba. *Ich weiß, wo er ist.*

Vor kurzem erst hatte Uria sie durch den Palast geführt, als er gerade fertiggestellt, aber noch unbewohnt war. Sie hatte jeden Winkel des leeren Palastes erkundet und sich jedes Zimmer gemerkt. Sie erinnerte sich an das große Zimmer im zweiten Stock.

Das Zimmer mit dem wuchtigen Bett, das so luxuriös ausgestattet war, und das sie das Zimmer der Königin nannten. Bestimmt war David dort.

Unbemerkt verließ Batseba die Trauernden im Thronsaal. Sie stieg die ausladende Treppe in den zweiten Stock hinauf. Da war niemand auf den Fluren; keiner, der sie aufhielt. Sie ging direkt ins Zimmer der Königin.

David war allein. Er saß am Fenster mit Blick auf den Innenhof des Palastes, reglos, wie erstarrt. Keine Tränen. Kein Klagen. Er saß ... einfach da.

Batseba schaute zu dem Leichnam auf dem Bett. Abigails weißes Gesicht, das früher so hübsch gewesen war, sah jetzt schrumpelig und alt aus. An ihren Schläfen schimmerten Silbersträhnen. Das Fieber hatte sie plötzlich altern lassen. Als Batseba sie das letzte Mal in Hebron gesehen hatte, war sie jung und sprühend vor Leben. Jetzt war sie tot. Die einzige Frau, wie man gerüchteweise hörte, die David tatsächlich liebte.

Batseba wählte die Worte sorgfältig aus, denn sie wollte ihn nicht verärgern.

„Es ist Zeit, mein Herr", begann sie zaghaft.

Er nickte, drehte sich aber nicht zu ihr um. Vielleicht dachte er, sie sei eine seiner Frauen. Er rührte sich nicht.

„Sie warten schon", setzte sie nach.

„Lass sie warten."

Die Worte kamen so bitter und zornig heraus, dass Batseba nach Luft schnappte. Seine Trauer ging tiefer, als man angenommen hatte.

Sie blickte zu ihm hinüber, zu der lautlosen Gestalt, die vor dem Fenster kauerte. Das Leinengewand zerfetzt. Sein helles Haar und der Bart, für gewöhnlich geölt und gekämmt, heute zerzaust und schmutzig. Seine Schultern hingen herab.

Batseba empfand tiefes Mitleid mit ihm. Sie wäre am liebsten zu ihm gelaufen, hätte ihn in den Arm genommen, ihm den Trost gespendet, den er sich wünschte. Doch das konnte sie nicht. Das durfte sie nicht. Sie konnte nur an der Tür stehen und sanft sprechen.

„Ihr seid Gottes Gesalbter", sagte sie. „Euer Volk braucht Euch. Ihr müsst gehen."

„Nein." Seine Stimme klang gepresst, kaum vernehmlich. „Nicht ohne sie an meiner Seite."

„Ihr müsst lernen, allein zu gehen, mein König. Ihr seid der Gesalbte Gottes. Das dürft Ihr nicht vergessen."

Einen langen Augenblick lang saß er noch schweigend und reglos da. Schließlich seufzte er.

„Ja, ich weiß. Diese Last ist mir auferlegt."

„Wir werden Euch helfen, sie zu tragen, mein König. Wir alle. Ihr könnt Euch auf uns verlassen."

Wieder diese bleierne Stille. Dann nickte er.

„Sag ihnen, sie sollen mit der Bahre kommen."

„Ja, Herr."

Batseba drehte sich um. An wen sollte sie Davids Befehl weiterleiten? Da bemerkte sie hinter sich eine Frau im Halbdunkel.

„Hast du mitgehört?", fragte Batseba.

Die Frau nickte. War sie eine von Davids Frauen? Oder eine Dienerin? Oder die Frau eines von Davids Offizieren? Glücklicherweise fragte sie Batseba nicht, wer sie war und was sie hier zu suchen hatte. Vielmehr drehte sie sich um und ging durch den Flur.

Nachdem Batseba ihre Mission erfüllt hatte, kehrte sie in den Thronsaal zurück, wo sie sich unauffällig in die Reihe der trauernden, wartenden Untertanen einfügte. Niemand hatte ihre Abwesenheit bemerkt.

David betrat den Raum – gefolgt von vier Dienern, die eine Bahre mit Abigails Leichnam trugen.

Augenblicklich durchfuhr eine neue Welle der Totenklage die Versammlung. Als die Menschen das bleiche Gesicht auf der Bahre erblickten, schluchzten viele laut auf, und neue Tränen rollten ihre Wangen hinunter. Bereits zerrissene Kleider wurden noch weiter zerfetzt.

Nathan kam hervor und trat an Davids Seite. Nebeneinander schritten sie langsam vorwärts und führten die Trauergemeinde zu den Eingangstoren hinaus. Hinter ihnen folgten die Männer; die Frauen bildeten die Nachhut. Eine lange Prozession wand sich durch die Straßen von Jerusalem zum Hinnomtal, wo das Grab vorbereitet war.

Der Lärm schwoll an. Ganz Jerusalem trauerte mit dem geliebten König um dessen Ehefrau. Das Getöse hielt an, bis David, Nathan und die Diener in der Grabstätte verschwunden waren.

Dann Schweigen. Plötzliches, misstönendes Schweigen. Niemand wagte, ein Wort zu reden. Keiner rührte sich von der Stelle. Die warme Luft war erfüllt von der Anspannung des Trauerns.

Als David die Grabstätte wieder verließ, stand er hoch aufgerichtet und stolz in der Sonne. Ein Lichtstrahl fiel auf sein Gesicht; es war, als hätte Gottes Finger ihn berührt. Seine Stirn war jetzt glatt, seine Lippen bildeten scheinbar eine gerade Linie, nicht lächelnd, aber auch nicht mehr schmerzlich verzerrt. Batseba – und vermutlich alle anderen – hatte den Eindruck, als sei David vom Reich der Toten zu den Lebenden zurückgekehrt.

Schweigend löste sich die Menge auf, und man ging nach Hause. Bis nach Sonnenuntergang wurde nun weder gesprochen noch gegessen. Dies war die Zeit des Trauerns, des Gedenkens, der schweigenden Anteilnahme.

Als Batseba ihrem Mann durch die verstummten Jerusalemer Straßen nach Hause folgte, waren ihre Gedanken bei David. Er hatte mehrere Frauen und viele Söhne und Töchter. Sie alle, die zum großen Haushalt des Königs gehörten, wohnten drüben im Palast. Doch ... wer würde nun das große Gemach im zweiten Stock belegen? Das Zimmer der Königin. Wer würde in diesem Bett schlafen? Welche von Davids Frauen würde Abigails Platz einnehmen?

Michal? Die Tochter von König Saul, die David als erste geheiratet hatte? Nein. Sie war bei David in Ungnade gefallen.

Ahinoam, seine zweite Frau? Das wäre schon eher möglich. Sie war die Mutter von Amnon, dem Thronfolger. Doch leider hatte sie keinerlei Führungsqualitäten und könnte dem komplexen Haushalt niemals vorstehen.

Maacha, die Tochter des Königs von Geschur? Ihr Sohn Absalom würde nach Meinung vieler ein besserer König sein als der kränkliche Amnon.

Nein, niemand konnte mit der unvergleichlichen Abigail mithalten. Ihr Tod hatte im Königshaus eine Lücke hinterlassen. Wer würde sie schließen?

Batseba seufzte. Wenn doch nur ... Aber rasch gebot sie ihren Gedanken Einhalt, während sie hinter ihrem Ehemann durch das Tor ihres Hauses schritt. Nein, an so etwas durfte sie nicht einmal denken. Sie war eine pflichtbewusste Ehefrau und wollte Uria treu sein.

2

Die Philister marschierten in Israel ein.

Das war nichts Neues. Zur Regierungszeit von König Saul waren sie oft eingefallen. Manchmal hatten sie Gottes Volk besiegt; dann wieder waren sie geschlagen worden. Jedes Mal hatte Israel überlebt, und das Leben ging weiter.

Wenn König Saul erst einmal tot wäre, hatten die Herrscher der Philister geglaubt, würde der neue König, David ben Jesse, ihr Freund und Verbündeter sein. Schließlich hatte er – auf der Flucht vor König Saul – eine Zeitlang bei ihnen gelebt, war sogar mit ihnen in den Kampf gezogen.

Doch bald schon erkannten sie, dass David kein Vasall des mächtigen Philisterstaates werden wollte. Gleich zu Beginn seiner Regentschaft beanspruchte er Eigenstaatlichkeit. Er zollte niemand Tribut. Und darum marschierten nun die Philister ein.

Aus Jerusalem zogen alle Krieger ab, den Philistern entgegen. Wenn sie geschlagen würden, blieben nur wenige kämpfende Männer zur Verteidigung der Stadt zurück. Die Bevölkerung in Jerusalem fühlte sich trotzdem einigermaßen sicher, denn die Mauern waren stark. Schon wenige Soldaten konnten einen mächtigen Feind erfolgreich zurückdrängen. Und im Falle einer Belagerung würden sie lange widerstehen.

Uria hatte Batseba oft erzählt, wie gut David die Stadt auf einen Angriff vorbereitet hatte.

„Er ist der beste Befehlshaber seit Josua“, hatte er einmal gesagt.

„Wo hat er das gelernt?“, fragte sie zurück.

Uria zuckte die Achseln, und seine muskulösen Schultern hoben den Brustharnisch an, den er fast ständig trug.

„Er behauptet, Jahwe habe es ihm beigebracht.“

Batseba unterdrückte ein Lachen, das in ihr aufstieg. Alle kannten Davids Frömmigkeit. Schon als kleiner Junge, während er die Schafe hütete, hatte er ein besonderes Verhältnis zu Gott gehabt. Später hatte er ein Lied komponiert: „Der Herr ist mein Hirte“. Batseba hatte dieses Lied zwar noch nicht gehört, aber alle, die es kannten, lobten seine sprachliche Schönheit. Vor allem das starke Gottvertrauen des jungen Königs beeindruckte die Menschen.

Gut und schön. Aber Militärstrategie? Hatte der König die auch von Gott gelernt? Das ging nun doch zu weit, fand Batseba. Sie wusste, dass ihr Mann Uria einen eher oberflächlichen Glauben besaß. Er war im Norden geboren und aufgewachsen, sein Vater diente als Offizier in der Armee der Hetiter.

Uria selbst war ausgebildeter Soldat. David schätzte seinen Sachverstand und beschäftigte ihn als besoldeten Offizier. Als Uria sein Leben und seine Laufbahn David verschrieb, ließ er sich beschneiden und erhielt den israelitischen Namen Uria, was so viel bedeutet wie „Licht Gottes“.

Uria glaubte vor allem an den Krieg. An die Macht. An militärische Stärke. An bewährte Strategien, gute Rüstungen, schnelle Pferde, überlegene Bewaffnung. Der Krieg war sein Gott, und an ihn glaubte er nicht nur, nein er verehrte ihn sogar.

Während des Kriegs gegen die Philister sah Batseba nichts von ihrem Mann. Selbst wenn er auf Heimaturlaub kam, blieb er in den Soldatenunterkünften neben dem Palast. Batseba fragte ihn einmal, warum er denn nicht nach Hause käme, wenn er in Jerusalem war.

„Es ist Krieg“, entgegnete er vorwurfsvoll. „Ich kann doch nicht mit meiner Frau in einem bequemen Bett liegen, während meine Männer in den Unterkünften auf Pritschen oder an der Front auf der Erde liegen!“

Sie nahm es gleichmütig zur Kenntnis. Sie vermisste ihn nicht einmal. Ihre Heirat war von David als Belohnung für treue Dienste angeordnet worden. Sie musste zu ihm stehen, weil sie eine israelitische Frau war – auch wenn die Ehe nicht auf Liebe gründete.

Aber Batseba haderte nicht mit ihrem Schicksal, denn als

Ehefrau eines von Davids Helden hatte sie Zugang zum gesellschaftlichen Leben am Hofe. Und das nutzte sie redlich aus. Da sie im Nachbarhaus wohnten, konnte sie, wenn sie wollte, sich jeden Tag unter die Bittsteller im Thronsaal mischen, selbst wenn der König und seine Männer nicht da waren.

So lernte sie Schua kennen.

Schua war mit Hezro verheiratet, der auch zu Davids Helden gehörte; sie und Batseba standen also gesellschaftlich auf einer Stufe. Gemeinsam verbrachten sie viele Stunden im Palast – nicht nur im Thronsaal, sondern auch in den Hinterzimmern, wo sie sich zu Davids Frauen und Dienerinnen gesellten.

„Ich vermisse Mutter Abigail", seufzte Schua eines Tages.

Sie sagte immer Mutter Abigail, nie Königin Abigail, obwohl das der offizielle Titel gewesen wäre. Darin zeigte sich etwas von ihrer besonderen Liebe und Achtung. Schua war schon Abigails Dienerin gewesen, als diese noch mit dem grobschlächtigen Nabal verheiratet gewesen war, der dann so plötzlich gestorben war. Eigentlich hatte Abigail sie nie wie eine Dienerin behandelt – eher wie eine Vertraute. Als die Königin so krank wurde und schließlich starb, war Schua nicht von ihrem Lager gewichen.

„Sie liebte den neuen Palast." Schua wischte sich eine Träne von der Wange. „In den letzten beiden Wochen sprach sie von nichts anderem. Er war so schön geworden ... genau wie sie es sich immer erträumt hatte. Und dann ... ist sie gestorben ... nach so kurzer Zeit in ihrem neuen Heim."

Batseba tröstete ihre Freundin. Mit der Zeit wurden sie einander immer vertrauter. Vielleicht hatte sie, Batseba, etwas von Abigails Platz in Schuas Gefühlen eingenommen?

Der Lieblingsplatz für Davids Frauen und Offiziere war der Hof. Er lag nicht – wie bei den kanaanitischen Häusern – einfach hinter dem Haupttor, sondern bildete den Mittelpunkt des Hauses, wie es in den nördlichen Nachbarstaaten üblich war. Dadurch ähnelte er eher einem privaten Garten als einem öffentlichen Foyer.

Der Hof wurde von Gärtnern liebevoll gepflegt. Zwischen den Steinbänken wuchsen Blumen und Farne und kleine Büsche, das Gras unter den Füßen fühlte sich wohlig weich an, und es war ein

Vergnügen, darüber zu laufen. Die Luft war erfüllt vom Duft der Blüten.

Hier kamen die Frauen zusammen, um miteinander zu reden oder einfach den Sonnenschein zu genießen, wenn das Wetter es zuließ. Gleichzeitig hielten sie sich über den Fortgang der Kämpfe gegen die Philister auf dem Laufenden.

Die anderen Frauen hatten einen entscheidenden Vorteil gegenüber Batseba: Wenn ihre Männer von der Schlacht auf Urlaub kamen, erzählten sie ihren Frauen faszinierende Geschichten von ihren Feldzügen. So etwa von den zwei Schlachten bei Refaim.

Die Philister hatten in dem lang gestreckten Tal, das auf Jerusalem zuführt, gelegen, und David war ihnen an einem Ort seiner Wahl entgegengetreten. Der Feind wurde zurückgeschlagen, bildete aber neue Scharen und stellte sich ihnen erneut entgegen.

„David fragte Nathan den Weisen, was er tun sollte", erzählte Mirjam, Schammas Frau. „Er fragte natürlich auch meinen Mann, und wundersamerweise bestätigte Nathan Schammas Rat."

Diese letzte Bemerkung löste bei den Frauen wissendes Gekicher aus. Mirjam war mit Schamma verheiratet, der zu den drei engsten Vertrauten Davids gehörte. Er war für seine Prahlerei bekannt – und seine reizende Frau nahm alles für bare Münze.

Wenn David eine Strategie plante, befragte er immer seine Berufssoldaten, und obwohl Schamma für seine ewige Aufschneiderei bekannt war, respektierte man ihn doch um seiner Intelligenz und Erfahrung willen.

Mirjam ging in der Verehrung ihres Mannes sogar noch etwas weiter. Sie glaubte nämlich, er kenne sich in Militärtaktik besser aus als der Prophet Nathan. Vielleicht zu Recht, sinnierte Batseba; doch Nathan war Jahwes Prophet und gleichzeitig Israels oberster Befehlshaber, deshalb verließ David sich vorrangig auf Nathans Urteil.

„Unsere Männer umschlichen das Heer der Philister", fuhr Mirjam fort, „durch die Wälder von Bechaim, und kamen genau hinter ihnen raus. Sie schnitten ihnen die Versorgungswege ab. Dann griffen sie die Nachhut der Philister vom Wald her an. Als der Feind auf unsere Männer losging, zogen sie sich zwischen die

Bäume zurück, wo die Streitwagen nicht nachkommen konnten. Wir haben sie gründlich besiegt!"

„Gab es Gefallene?", fragte Schua.

Ihre Frage kam ganz beiläufig, doch das Lächeln verschwand aus den Gesichtern, als sie auf Mirjams Antwort warteten. Auf diese Frage hatten sie gewartet. Hier war der Wendepunkt vom allgemeinen Geplauder über das Tagesgeschehen zu einem Thema, das in das Leben jeder dieser Frauen Unglück bringen konnte.

Mirjam lächelte. „Nein. Wir hatten außergewöhnlich wenig Verluste. Lediglich ein paar Soldaten. Keine Offiziere."

„Gelobt sei Jahwe."

Batseba spürte die Erleichterung der Frauen und wünschte, sie könnte daran teilhaben. Wie würde sie sich fühlen, wenn Uria getötet würde? Sie würde es niemals zugeben – nicht einmal sich selber gegenüber –, doch das Einzige, was sie vermissen würde, wäre dieser tägliche Austausch von Klatschgeschichten. Sie hatte Schuldgefühle, weil sie ihrem Mann keine Liebe entgegenbrachte, denn sie war eine pflichtbewusste Ehefrau, und Treue zu Uria bedeutete, dass sie bei seinem Tod ehrlich trauern würde.

Der Krieg endete nicht mit den Erfolgen im Refaimtal. David führte seine Armee den Philistern entgegen und nahm die bedeutende Stadt Gat ein. Dann zog er geschwind in die Scharon-Ebene und das Jesreeltal und eroberte auch noch die letzten Enklaven, die aus Josuas Zeiten übrig geblieben waren. Als nächstes wandte er sich nach Osten, überquerte den Jordan und griff die Moabiter, Edomiter, Ammoniter und selbst die mächtigen Syrer an.

Wohin das israelitische Heer auch ging, die Bundeslade war stets dabei. Die Bundeslade – jener geheimnisvolle Kasten aus Akazienholz mit dem trompetenden Engel darauf, der von den Priestern getragen wurde. Innen lagen die wertvollen Gesetzestafeln aus Stein, die Mose von Gott selbst übergeben worden waren. Manche sagten: Gott selbst ist in der Lade. Andere sagten: Nein, Gott ist überall; er lässt sich nicht in einen Kasten einsperren. Auf jeden Fall gab die Anwesenheit der Bundeslade den Kriegern Mut für die Schlacht.

Davids Erfolge waren beeindruckend. „Von Dan bis Beerscheba" bedeutete jetzt ein ganzes vereinigtes, geordnetes, mächtiges Königreich.

So vollendete David, was Josua begonnen hatte. Endlich gab es Frieden in Israel. Frieden – von den Offiziersfrauen begrüßt und hoch geschätzt. Ihre Männer kamen heim; sie waren dankbar, wieder bei ihren Frauen und Söhnen zu sein.

Die Gespräche im Hof fanden wieder andere Themen als Krieg und Kampftaktik. Immer öfter kam es zu Streit und Machtkämpfen zwischen Davids Frauen.

Michal forderte mehr Respekt. Ahinoam protzte mit ihrem Sohn Amnon, dem Thronerben. Maacha barst vor Stolz über ihren Sohn Absalom, der im Laufe der Jahre immer schöner und beliebter wurde. „Genau wie sein Vater“, sagte Maacha oft. Weitere Ehefrauen kamen ins Haus. Die Ammen blieben gut beschäftigt, weil immer mehr Kinder im Palast geboren wurden.

Uria kam nicht nach Hause. Er war in Rabba stationiert, einer ammonitischen Stadt, die der israelitischen Eroberungsserie getrotzt hatte. Mittlerweile hatte David ihn zum Zweiten Befehlshaber befördert, und sein Vorgesetzter Joab konnte nicht einmal für die Dauer eines kurzen Heimaturlaubs auf ihn verzichten. Uria hatte vermutlich nichts dagegen. Er wäre jedenfalls lieber auf dem Schlachtfeld geblieben, wo der Kampf tobte, als in Jerusalem den Luxus seines Hauses zu genießen.

Batseba zuckte die Achseln, als sie das erfuhr. Sie vermisste ihren Mann eigentlich gar nicht. Doch diese Erkenntnis vergrößerte ihre Schuldgefühle nur noch. War sie eine pflichtbewusste Ehefrau, wenn sie so empfand?

David dagegen war nun meistens zu Hause anzutreffen. Offiziell gab es keine Erklärung, aber man stellte Vermutungen auf. Nicht etwa, dass es David an Mut gefehlt hätte – den bezweifelte niemand. Doch auf dem Schlachtfeld war etwas geschehen, wodurch sich die althergebrachte Sitte änderte, dass ein König selbst seine Truppen in den Kampf führen sollte.

Mirjam erzählte die Geschichte, die ihr Mann Schamma angeblich selbst miterlebt hatte. Er war von dem Vorfall stark erschüttert worden, so dass er nur stockend darüber reden konnte.

„Die Philister hatten diesen riesigen Kämpfer“, erzählte sie. „Er hieß Ischbi-Benob. Er trug eine neue Rüstung, die die Sonne widerspiegelte. Er gab eine eindrucksvolles Bild ab.“

„Wie groß war er?“, fragte eine Frau. „So groß wie Goliat?“

Mirjam nickte. „Im Heer der Philister gab es viele Riesen. Es waren Anakim, und sie kamen aus Gat.“

Gebannt hörten die Frauen zu, als Mirjam ihren Bericht fortsetzte.

„Schamma sagt, es geschah in der Schlacht gegen die Ammoniter in Trans-Jordanien. David führte ein Regiment gegen eine Festung an. Sah gar nicht gut aus. Die Ammoniter waren Wilde! Einer hatte einen Speer dick wie ein Weberkamm!“

Nun erzähl schon weiter, dachte Batseba mürrisch. *Was war mit David?*

Mirjam lächelte und genoss die Aufmerksamkeit, die sich auf sie und ihre Geschichte konzentrierte.

„Sie fielen unseren Männern in die Flanken. Griffen von beiden Seiten an. Unser Regiment brach in der Mitte ein. Da stand der König, allein mit nur ein paar Männern, von allen Seiten umgeben von Feinden, die bereit waren, das Licht Israels auszulöschen!“

Erzähl doch einfach die Geschichte, dachte Batseba wieder.

„Da stand also dieser Riese, Ischbi-Benob, vor David. Seine neue Rüstung glänzte in der Sonne, und er brüllte: ‚Zurück mit euch! Ich werde diesen kleinen Emporkömmling, diesen König, selber töten! Schaut nur her!‘

Die ammonitischen Kämpfer wichen zurück und überließen Ischbi-Benob das Feld, der unserem König und den paar Männern von uns gegenüberstand. David schwankte etwas vor lauter Müdigkeit. Es war ein langer Kampftag gewesen.“

Sie lässt sich ja wirklich Zeit, dachte Batseba.

„Da kam Schamma ihm zu Hilfe! Mit Abischai und ein paar anderen brach er durch die Reihen der Ammoniter und schlug den Riesen nieder, als wäre er bloß ein Zweig an einem Baum. Dann wehrte Schamma die anderen Kämpfer ab, und Abischai brachte David an unsere eigene Front. Abischai wurde mit Lob überschüttet, doch eigentlich hat Schamma David das Leben gerettet.“

Batseba kannte Schammas Neigung, Geschichten über andere zu erzählen und die Heldentaten für sich zu verbuchen. Mirjam stand ihm da in nichts nach. Wahrscheinlich war es so gewesen, dass Abischai, Joabs Bruder, den Riesen tötete, und Schamma war nur in einer Nebenrolle beteiligt gewesen.

Mirjam war noch nicht fertig. „Schamma sagte zu David: ‚Mein Herr und König, wir wollen nicht, dass du noch einmal in einer Schlacht kämpfst. Warum sollten wir es riskieren, das Licht Israels auszulöschen?'" Dies war eine der typischen, dramatischen Formulierungen, die Mirjam, genau wie ihr Mann, gern benutzte.

Mit dieser Geschichte wurde also Davids ständige Anwesenheit im Palast erklärt. Batseba sah ihn oft. Die meiste Zeit verbrachte er allerdings mit seinen Ehefrauen, vor allem den neuen.

Obwohl David wusste, wer Batseba war, und sie auch gelegentlich ansprach, erinnerte er sich offenbar nicht an die kurze Begegnung in Abigails Schlafzimmer am Tag ihres Begräbnisses. Das war verständlich; jener tragische Tag war vermutlich wie ein böser Traum an ihm vorübergegangen.

Von ihrem eigenen Dach aus sah Batseba David gelegentlich auf dem Dach des Palastes stehen. Da der Palast höher als ihr Haus war, konnte er von dort oben auf ihr Dach herabsehen. Daraufhin badete Batseba nicht mehr auf dem Dach ihres Hauses, sondern verlegte ihr tägliches Bad nach drinnen.

3

Batsebas liebste Jahreszeit begann mit dem Malkosch, dem letzten Regen der Saison. Jetzt wurde es wärmer, so dass man sich viel im Freien aufhalten konnte. An milden Abenden stand Batseba oft auf ihrem Dach und sog tief die wohlriechende Luft ein. Blumen und grünes Gras bedeckten die Erde und verbreiteten einen köstlichen Duft.

Zu dieser Jahreszeit schickten Könige ihre Heere in den Krieg. Hirten schoren ihre Schafe und zählten ihre neugeborenen Lämmer. Bauern betrachteten hoffnungsvoll ihr Getreide. „Wer die Saat mit Tränen aussät, wird voller Freude die Ernte einbringen", hieß ein altes Sprichwort mit doppelter Bedeutung. Gleichzeitig war dies die Zeit, in der junge Liebespaare – ob Mensch oder Tier – zueinander fanden.

Diese wunderschöne Jahreszeit wurde jäh beendet durch den

Scharav, der eine drückende Hitze mit sich brachte. Den ganzen Tag über wehte ein trocken-heißer Ostwind, der nur abends eine kurze Erfrischung brachte. Ein Schleier aus Staub hing in der Luft. Die Blumen begannen zu welken, das grüne Gras verdorrte und wurde strohgelb. Am Tag suchten die Menschen im Haus Abkühlung, abends genossen sie die Nachtkühle auf dem Dach.

Batseba freute sich auf ihr allabendliches Bad. Nach einem langen, heißen Tag verschaffte es ihrem Gemüt Erfrischung. Heute Abend wollte sie nach langer Zeit wieder einmal auf dem Dach baden.

Das Dach war von einer Brüstung umgeben, die hoch genug war, um neugierige Blicke der Nachbarn abzuwehren. Nur der Palast ragte höher hinauf. Aber erfahrungsgemäß war abends niemand auf dem Palastdach zu sehen. Batseba wunderte sich darüber. Vermutlich hatte David es so angeordnet. Aber wenn ja, warum nur? So viele aus Davids Haus suchten abends Abkühlung im Hof; warum nicht auf dem Dach? Aus welchem Grund auch immer – da das Palastdach gewöhnlich leer war, beschloss sie, das Risiko auf sich zu nehmen und nach Einbruch der Dunkelheit draußen zu baden.

Batseba wusste nicht – allerdings erfuhr sie es später –, dass David selbst abends über das Dach schlenderte. Allein. Er brauchte Zeit zum Nachdenken, zum Planen, zum Beten. Zum Komponieren neuer Lieder. Deswegen hatte er angeordnet, das Palastdach solle am Abend für ihn reserviert bleiben.

Ahnungslos, wie Batseba war, nutzte sie die kühle Abendluft für ein erfrischendes Bad. Sie wartete bis nach Mitternacht, um sicher zu sein, dass sie auch wirklich allein war. Die Nacht war ruhig, der Wind hatte sich gelegt, die Luft war mild.

Sie weckte ihre Magd. „Hefzibah. Bereite mir ein Bad."

„Ja, Herrin."

„Auf dem Dach."

„Auf dem Dach, Herrin?" Erstaunt verzog die Dienerin das Gesicht. Hefzibah war erst zwölf Jahre alt; vor kurzem erst war sie zur Frau herangereift. Ihre Mutter war eine amalekitische Sklavin, die David vor vielen Jahren erbeutet hatte. Ihr Vater war ein unbekannter israelitischer Krieger.

„Auf dem Dach, Hefzibah. Jetzt."

Sie verstand die Verwirrung ihrer Dienerin. In den letzten Jahren hatte ihre Herrin niemals auf dem Dach gebadet. Nicht, seit der Palast fertig war. Und auch nicht mitten in der Nacht.

„Aber ... Herrin ..."

„Jetzt." Batseba entfernte sich. Die verdutzte Dienerin machte sich daran, das Wasser auf der Kochstelle im Hof zu erwärmen, während Batseba sich Seife und duftende Öle aussuchte.

Auf dem Dach hatte Hefzibah die flache Badewanne aufgestellt und bereits mehrere Krüge warmes Wasser eingefüllt. Seife, Duftöl und Handtücher, die Batseba ausgewählt hatte, lagen daneben.

Der Vollmond spiegelte sich im Badewasser. Die Luft, von der Hitze des Tages noch immer trocken, schien jetzt frischer zu sein. Batseba lag in dem parfümierten Wasser und schloss die Augen. Durch das warme Wasser entspannte sie sich. Sie spürte, wie die Spannungen des Tages von ihr abfielen. Jetzt, mit geschlossenen Augen, wünschte sie sich nur, allein zu sein.

„Hefzibah", murmelte sie, „geh jetzt."

„Herrin ..."

„Geh jetzt."

„Aber ..."

„Jetzt."

„Ja, Herrin", flüsterte die Dienerin. In ihrer Stimme schien etwas Verschwörerisches zu liegen, doch Batseba fühlte sich so entspannt, dass sie nicht darauf achtete. Sie lauschte auf Hefzibahs Schritte, die über das Dach und die Treppe hinab in den Hof huschten.

Mit geschlossenen Augen badete Batseba weiter und nahm den Frieden der Nacht in sich auf. Nach geraumer Zeit stieg sie aus der Wanne und zog sich träge ein weiches Leinengewand über. Dann legte sie sich auf die weiche Pritsche, die man ihr auf dem Dach zurechtgemacht hatte. Sie war gerade eingedöst, als die Stimme ihrer Dienerin sie aufschreckte.

„Herrin." Hefzibah stand auf der obersten Stufe.

Schlaftrunken öffnete Batseba die Augen. Sie sah, dass ihre junge Dienerin am ganzen Körper zitterte.

„Ja?"

„Ein Mann ist da. Vom Palast. Er möchte ... dass Ihr mit ihm geht."

„Aus dem Palast? Aber …"

Batseba war noch ganz benommen von dem entspannenden Bad und dem kurzen Schlaf. Das ergab doch alles keinen Sinn – der Mann aus dem Palast, die Einladung, Hefzibahs erschrockenes Gesicht … Batseba stand auf, zog ein Kleid über und ging hinunter in den Hof.

Der Mann stand im Licht des Mondes. Sie erkannte ihn als einen von Davids Dienern.

„Herrin", murmelte er und versuchte, sie nicht anzuschauen. „Ihr werdet im Palast erwartet. Auf … auf Befehl des Königs."

In ihren Gedanken wirbelte alles durcheinander. Und doch … Der König hatte sie gerufen … Da musste sie gehorchen. Also folgte sie ihm zum Tor hinaus.

Niemand war auf der Straße. Sie hasteten die Palasttreppen hoch und durch das große Tor in den Versammlungsraum.

„Hier entlang, Herrin."

Mechanisch folgte sie ihm eine Treppe hoch. Sie erinnerte sich an ein anderes Mal vor wenigen Jahren, als sie schon einmal diese Treppe erklommen hatte. Doch diesmal führte sie der Diener an dem großen Zimmer im zweiten Stock vorbei direkt zum Dach. Dann blieb er diskret zurück.

Der Mond beleuchtete Davids Gesicht und verlieh seinem Haar und dem Bart einen beinahe goldenen Schimmer. Er stand reglos da. Verwirrt? Nein. Etwas anderes war in seinen Augen zu lesen. Begierde.

Mit einem Mal war Batseba hellwach. Nun wusste sie, warum er sie in den Palast bestellt hatte, und begann zu zittern.

„Keine Sorge, meine Dame."

Die sanfte Stimme hörte sich angespannt an. Doch es war die Stimme des Königs, und der König war ihr Herrscher. In ihrem Kopf überschlugen sich die Gedanken.

Er nahm sie in den Arm. Zärtlich.

Batseba fügte sich einfach.

Als sie Stunden später nach Hause ging, brach ein Gewitter los. Das Ende des Scharav ließ auf kühleres Wetter und damit auf angenehmere Zeiten hoffen.

Batseba seufzte. Sie trug schwer an ihrer Schuld. Da war nicht nur das Schuldgefühl, dass sie ihren Mann betrogen hatte. Nicht nur Gewissensbisse darüber, dass sie, eine Frau aus Israel, Ehebruch begangen hatte. Auf Ehebruch stand die Todesstrafe, doch sie würde einen einflussreichen Fürsprecher haben. Was sie am meisten mitnahm war, dass sie jenes Gefühl in den Armen des Königs genossen hatte.

Es begann zu regnen, als sie über den Hof in ihr Haus huschte, wo Hefzibah sie schon erwartete. Der Scharav war vorüber. Sie freute sich nicht nur auf besseres Wetter, sondern auch auf ein neues Zusammensein mit dem König.

„Komm wieder ... heute Abend", waren die letzten Worte gewesen, die er ihr auf dem Dach zugeflüstert hatte. Sie hatten ihr genauso viel Freude bereitet wie die Zeit in seinen Armen – auch wenn sie sich schuldig dabei fühlte.

Sie würde gehorchen ... nicht nur, weil er der König und sein Wort Gesetz war. Nein, sie würde gehorchen, weil sie es so wollte.

Wieder stiegen Schuldgefühle hoch; ein Sturm der Widersprüche entbrannte in ihrem Innern. Sie war ihrem Mann untreu geworden und hatte Ehebruch begangen. Und – was vielleicht das Schlimmste war – sie hatte es sogar genossen.

Ein kühler Wind erfrischte an den folgenden Tagen Mensch und Natur. Doch im Palast herrschte dicke Luft.

Batseba versuchte, wieder ihren alten Platz unter den Frauen im Palasthof einzunehmen. Doch die wollten plötzlich nichts mehr mit ihr zu tun haben, so schien es ihr. Wenn sie sich zu einer Gruppe gesellte, verstummten plötzlich die Gespräche; eine nach der anderen entfernte sich mit dem Vorwand, noch etwas Dringendes tun zu müssen. Selbst ihre beste Freundin Schua wollte nicht mit ihr reden.

Ihre Tage verliefen nun einsam, doch die Nächte entschädigten sie für alles. Eine sanfte Brise streichelte ihre Haut, während sie in den Armen ihres Liebhabers auf dem Palastdach lag. Einen solchen Sinnentaumel hatte sie nie zuvor erfahren. Wie so viele Frauen vor ihr war sie Davids Charme erlegen. Batseba fühlte sich geehrt, ihre Träume waren Wirklichkeit geworden.

Nicht nur Batseba wurde von Schuldgefühlen geplagt. Auch

David war zutiefst beunruhigt, obwohl er das Glück ihres Beisammenseins genoss.

„Wir dürfen das nicht tun“, flüsterte er eines Nachts. „Unser Verhältnis verstößt gegen das Gesetz des Mose. Es ist nicht das, was Jahwe mit seinem Volk vorhatte. Wir sind keine Ziegen, die sich in der Paarungszeit bespringen. Wir sind Menschen, Kinder Gottes, die es besser wissen. Wir müssen aufhören.“

Sie wusste, er hatte Recht. Sie mussten aufhören. Aber was dann? Wenn sie David nicht mehr sehen durfte, wäre sie am Boden zerstört. Wie erleichtert war sie, als er ihr beim Abschied zuflüsterte: „Komm morgen Abend wieder.“

Einen Monat später hatte ihre Glückseligkeit ein jähes Ende.

„Hefzibah“, rief Batseba eines Abends ihre Dienerin, als es an der Zeit war, zum Palast zu gehen.

„Ja, Herrin?“

„Geh zum König. Sag ihm ... sag ihm, ich kann nicht mehr kommen. Ich ... ich erwarte ein Kind.“

Sie blickte ihrer Dienerin nicht in die Augen, aber vermutlich war eine Mischung aus Erschrecken und Selbstgefälligkeit darin zu lesen. Hefzibah sagte nichts. Gehorsam führte sie ihren Auftrag aus.

Das also war Gottes Strafe für ihre Sünde. Sie trug Davids Kind in sich. Und natürlich würde Uria davon erfahren ... Was würde er tun? Irgendwie würde er sie bestrafen, vermutlich mit dem Tod.

Sie zuckte die Achseln. Sie hatte es nicht besser verdient.

Und David? Seine Schuldgefühle waren noch größer als die ihren. Das konnte sie an seinem Gesicht ablesen, wenn sie ihn aus der Ferne sah. Tief in seinem Innern hatte er Kämpfe auszufechten. Kämpfe mit sich selbst. Und mit Gott. Was würde er tun?

Batseba bekam keine Nachricht aus dem Palast. Gewiss plante David irgendetwas, er war ja der König ... Aber selbst das konnte Uria nicht daran hindern, sich für den Ehebruch zu rächen. Schließlich war im Gesetz festgelegt, dass eine Ehebrecherin mit dem Tod bestraft werden musste. Tod durch Steinigung. Sie schauderte. Gottes Gesetz war mächtiger als die Wünsche des

Königs. Er konnte sie nicht davor schützen. Sie konnte nur hoffen, dass er verhindern konnte, dass Uria es herausbekam. Aber wie?

Eine Woche später kam ihr Ehemann nach Hause.

Das also war Davids Lösung für das Dilemma. Das Kind würde Urias Kind werden. Aber wenn das Kind helle Haare und ein hübsches Gesicht hätte, würde dann jemand Verdacht schöpfen? Sie zuckte die Achseln. Sie wussten es doch sowieso schon alle. Wen würde es noch überraschen? Uria? Der war immer weg, Krieg spielen. Vielleicht würde es ihm niemand sagen. Ein Hoffnungsschimmer.

Nachdem sie ihren Mann begrüßt, seine Füße gewaschen und ihm eine Mahlzeit serviert hatte, wandte er sich schon wieder zum Gehen.

„Ich gehe in die Soldatenunterkünfte“, brummte er und ging.

Am nächsten Tag kam er nur für ein paar Minuten heim. Sie versuchte mit allen Mitteln, ihn am Fortgehen zu hindern.

„Mein Ehemann“, sagte sie leise, „komm doch zu mir. Ich sehne mich nach dir ... Und es ist doch schon so lange her ...“

Er schüttelte den Kopf. „Ich kann nicht, Frau.“

„Aber ... warum nicht?“

Er starrte sie an, unerfüllte Begierde in den Augen.

„Ich kann nicht. Nicht, solange die Lade in einem Zelt an der Front ist und Joab und meine Männer auf dem harten Boden schlafen.“

Er drehte sich um und schlich mit hängenden Schultern hinaus. Der pflichtbewusste Soldat, dem der Krieg wichtiger war als seine Frau.

Am nächsten Tag kam Uria schon gar nicht mehr nach Hause. Sie hörte, dass er an die Front zurückgekehrt sei – mit einer Eilbotschaft des Königs, an Joab persönlich zu überbringen.

Was sie nicht hörte und erst viele Monate später erfahren würde, war der Inhalt dieser Eilbotschaft. Sie enthielt die Anweisung, Batseba zur Witwe zu machen.

4

Zwei Wochen später brachte man den Leichnam von Uria, dem Hetiter, zurück nach Jerusalem.

Wie Batseba von ihrer Magd Hefzibah erfuhr, sei er bei einem Frontalangriff in Rabba von feindlichen Pfeilen getötet worden. Joabs Fehler, so hieß es. Er hätte die aussichtslose Attacke angeordnet, dann aber versäumt, sich um Nachschub zu kümmern. Es sei ein einziges Gemetzel gewesen.

Batseba trug ein altes Kleid, das ordnungsgemäß zerrissen und mit Staub bedeckt war, und wartete auf die Ankunft des Toten. Schließlich erreichte sie die Nachricht vom Palast, der Trauerzug habe gerade das Taltor von Jerusalem passiert. Man rief sie zur Beisetzung.

Der König stand mit vielen seiner Offiziere auf der Palasttreppe. Jeder konnte erkennen, dass er tief bewegt war. Sein feines Gewand war an mehreren Stellen zerrissen und mit Staub bedeckt. Bart und Haare, sonst sorgsam gepflegt, waren zerrauft und von Staub durchzogen. Seine Augen starrten ins Leere. Tränenspuren zogen sich über sein schmutziges Gesicht.

Zwischen dem Weinen und Klagen der Trauernden wurde geflüstert.

Seit Abigails Tod hat er nicht mehr so getrauert.

Ist es Trauer oder Schuldgefühl?

Wird er heute eine Ansprache halten?

Batseba hörte das Geflüster, auch wenn es vom Wehklagen übertönt wurde. Und wenn sie es hören konnte, würde David es dann nicht ebenfalls hören?

Der König hielt keine Ansprache, obwohl es Brauch war, bei der Bestattung eines seiner Soldaten eine kurze Ehrenrede zu halten. Eine weise Entscheidung. Lob auf seinen vertrauenswürdigen Feldherrn würde heute wie reine Heuchelei empfunden.

David führte den Trauerzug an, der sich durch die Straßen zum Stadttor schleppte, dann hinaus zu dem Hügel, zu Urias Grab, das er schon vor einigen Jahren gekauft hatte. Unter Soldaten war solch eine Vorsorge weit verbreitet; sie wussten ja nie, ob nicht ihr Leben ein jähes Ende finden würde.

Als sie vor dem Grab ankamen, betraten David und einige Offiziere die Höhle, um den Leichnam zur ewigen Ruhe zu betten. Trauer ließ die Klagen verstummen.

Batseba stand allein. Überall drängten sich die Trauernden zusammen, doch obwohl sie die eigentliche Hinterbliebene war, kam niemand in ihre Nähe, um sie zu trösten. Also gut, sie brauchte eben keinen Trost.

Batseba hob den Kopf und schaute zum Himmel hinauf. Sie brauchte keinen. Jetzt nicht. Nie mehr. Nicht einmal dich, Gott! Und genau so wollte sie mit ihrer Schuld umgehen.

Am nächsten Morgen kam ein Diener des Königs und rief sie in den Palast. Das kam nicht unerwartet, denn die offizielle Trauer dauerte bis zum Sonnenuntergang des Begräbnistages. Anschließend hatte sie gebadet und sich von allem Staub befreit.

Batseba legte ihr bestes Kleid an und folgte dem Diener zusammen mit Hefzibah.

Der König saß auf seinem Thron im Versammlungssaal. Um ihn herum die Höflinge – seine militärischen Berater, Würdenträger des Staates, Priester, Ratgeber, darunter auch ihr Großvater Ahitofel. Jeden Tag kamen diese mächtigen Männer zusammen, um über Staatsangelegenheiten zu sprechen, strategische Entscheidungen zu treffen, politische Maßnahmen und Programme einzuleiten, Recht zu sprechen. Als weiser König zögerte David nicht, seine Ratgeber anzuhören und ihren Rat zu befolgen.

Batseba nahm ihren Platz an der Wand ein. Bei solchen Versammlungen waren Frauen im Saal zwar zugelassen, durften aber nicht reden oder gar einen Rat anbieten.

Eine Angelegenheit nach der anderen wurde abgehandelt. Ein Hirte stand vor dem König und trug eine Beschwerde vor. Ein benachbarter reicher Grundbesitzer hatte ihm aus seiner kleinen Herde ein Lamm gestohlen. David sprach Recht – und der Hirte verließ den Thronsaal als reicher Mann. Botschafter aus Ägypten wurden empfangen; blumige Reden wurden gehalten. Ein Hauptmann wurde abgeordnet, sich um einen Straßenräuber zu kümmern, der die Reisenden auf der Straße zwischen Jericho und Jerusalem in Angst und Schrecken versetzte. Die normalen Dienstgeschäfte eines Königs.

Dann kam das nächste Dienstgeschäft an die Reihe.

„Batseba." Davids Stimme tönte laut in der plötzlich zum Schweigen gebrachten Menge.

Batseba durchquerte den Saal, wobei sie fast schmerzhaft die Blicke aller auf sich gerichtet fühlte. Sie sah die Männer, die rund um Davids Thron auf dem Podest standen, darunter auch der Prophet Nathan. Seine Augen flackerten zornig, als er sie anklagend anschaute.

Mit einem schuldbewussten Ruck riss sie den Blick von ihm los und wandte sich David zu.

„Ja, mein Herr und König?"

David erhob sich von seinem Thron und kam ihr entgegen. Er streckte den Arm aus und nahm ihre Hand in die seine. Dann führte er sie zu einem Platz genau neben sich auf dem Podest.

„Batseba. Witwe von Uria, dem Hetiter."

Er ließ seinen Blick über die Menschen schweifen, die in der Halle versammelt waren und jetzt schweigend und verstört dastanden. Batseba schämte sich plötzlich und senkte den Kopf.

„Ich nehme dich zur Frau. So sei es. Man soll es in der Chronik des Königs verzeichnen."

Das war alles. Batseba verbeugte sich vor ihm; dann ging sie mit all der Würde, die sie aufbringen konnte, zur Tür. Hefzibah folgte ihr.

Niemand begegnete ihnen. Vielleicht wusste man bei Hofe, was geschehen war, und ging ihr aus dem Weg. Das störte sie nicht. Sie schritt hoch erhobenen Hauptes einher. Als Hefzibah hinter ihr kurz kicherte, schaute sie ihre Dienerin tadelnd an.

Batseba stieg die Treppe hinauf in den zweiten Stock. Der zweite Stock. Das Zimmer der Königin. Jetzt ihr Zimmer. Seit Abigails Tod vor einigen Jahren hatte niemand dieses Zimmer bezogen. Es war an David zu entscheiden, welche seiner Ehefrauen einziehen und somit Erste Ehefrau und Haushaltsvorstand würde. Er hatte nichts davon gesagt, dass dieses Zimmer nun ihr Zimmer sein sollte – aber er würde sie schon nicht hinauswerfen.

In scharfem Ton wandte sich Batseba an Hefzibah: „Geh in unser altes Haus. Bring mein ganzes Hab und Gut hierher. Jetzt gleich. Und nimm die Hintertür zum Palast ... Nicht dass du durch den Thronsaal hereinkommst!"

Hefzibah konnte sich in dem prunkvoll ausgestatteten Raum gar nicht satt sehen. Doch sie sagte nur gehorsam „Ja, Herrin!“, und beeilte sich, ihren Auftrag auszuführen.

Batseba stand am Fenster zum Hof zwei Stockwerke tiefer. Frauen schlenderten umher, schwatzten, klatschten. Redeten über sie, daran bestand kein Zweifel. Wussten sie, dass sie das Zimmer der Königin bezogen hatte? Im Palast sprachen sich Neuigkeiten schnell herum; gewiss wussten sie es schon. Was empfanden sie wohl? Ablehnung? Zorn? Hass? Neid?

Batseba zuckte die Achseln. Es war ihr egal. Jetzt war sie Königin von Israel.

Königin nur dem Namen nach. Sie runzelte die Stirn. Nicht wie Abigail. Abigail war in jeder Hinsicht eine Königin gewesen. Die Menschen im Palast hatten ihr Respekt und sogar Liebe entgegengebracht. Und tatsächlich hatte ganz Israel sie verehrt. Man hatte sie „Königin Abigail“ genannt, für manche war sie sogar „Mutter Abigail“ gewesen. Sie, Batseba, war dagegen nur eine weitere Frau in der großen Menge von Frauen und Kindern, aus denen sich die wachsende Königsfamilie zusammensetzte. Sie würde für niemanden jemals Königin sein, außer für sich selbst.

Und für David. Ja, sie würde in den Gefühlen ihres Mannes den ersten Platz beanspruchen. Er würde sie als Erste Ehefrau lieben, selbst wenn sie nie Befehlsgewalt über den Haushalt hätte. Bestenfalls das konnte sie für sich erhoffen.

Oder war da noch etwas?

Ja. Noch ein Traum, der in Erfüllung gehen sollte. Sie musste lächeln und streichelte ihren Bauch. Wenn sie es richtig anstellte, würde dieses Kind vielleicht der nächste König von Israel.

Gott, ist das denn die Möglichkeit? Wirst du mir dabei helfen?

Der Gedanke irritierte sie. Nicht die Möglichkeit, dass ihr ungeborenes Kind der nächste König sein könnte – sondern die Tatsache, dass sie betete. Sie hatte doch beschlossen, Gott zu ignorieren. So würde sie mit ihrer Schuld fertig. Aber das konnte sie nicht, das wurde ihr schlagartig klar, denn sie glaubte wirklich an ihn. Um dieses Wissen kam sie nicht herum.

Auch David glaubte an ihn. Ganz tief. Er ließ Gott über sein Leben bestimmen. Und er litt unter seiner Schuld.

Wieder streichelte sie ihren Leib. Dieses Kind – dieser Junge – könnte Gottes Gesalbter sein, König von Israel. Ihr Sohn. Aber nur, wenn Gott es wollte.

Wenn Gott es wollte? Warum nicht? Wenn sie betete, wenn sie fromm täte, wenn sie sich anständig benahm, dann würde Gott sich auf ihre Seite stellen ... Dann wäre sie die Königsmutter. Der Gedanke erheiterte sie, und ein Lächeln kam auf ihre Lippen. Also gut. Von nun an würde sie religiös sein.

Aber ... warum nagten dann immer noch Schuld und Zweifel an ihrer Seele?

5

In den folgenden Wochen durchlebte Batseba Höhen und Tiefen. Manchmal war sie voller Jubel, dann wieder voller Zorn und Einsamkeit. Die anderen Frauen schlossen sie aus ihrer Gemeinschaft aus; sie fühlte sich fremd im eigenen Haus. Abgesehen von der Zeit, die sie mit David verbrachte, war sie allein.

Wenn Batseba über den Hof schlenderte, wandten sich nicht nur die Frauen des Königs von ihr ab, auch die Offiziersfrauen machten einen Bogen um sie. Wenn sie im Speisesaal aß und kein Mann zugegen war, leistete ihr niemand Gesellschaft. Auch der Versuch, ihre Freundschaft mit Schua zu erneuern, schlug fehl. Warf sie ihr vor, sie habe den Tod ihres Mannes in der Schlacht verschuldet?

Um der Langeweile ihrer Tage zu entfliehen, suchte Batseba außerhalb des Palasts Zerstreuung. Sie ließ eine Sänfte kommen, Sklaven und einige Leibwächter, und fing an, Jerusalem zu erkunden.

„Die Stadt Davids", wie die Menschen die Hauptstadt jetzt nannten, war wirklich eine Festung. Die Mauer war verstärkt worden –, vor allem im Norden, wo die schwache Stelle gewesen war, und das Jaffator war hinzugekommen. Neubauten ragten im Süden und Osten auf, das Hinnomtal entlang bis zum Kidron.

Sie sah das neu errichtete Heim von Davids Sohn Absalom, das dem Palast an Schönheit in nichts nachstand, und das Haus von

Kronprinz Amnon. Nicht weit vom Königspalast gab es einen großen freien Platz, auf dem einmal Gottes Haus, der Tempel, erbaut werden sollte – wenn Jahwe es zuließ. Wann das sein würde, wusste niemand genau. Bislang beherbergte nur ein Zelt die heilige Bundeslade – wenn sie zu Hause war und nicht gerade Israels Heer in die Schlacht begleitete.

Die Erkundung Jerusalems verschaffte Batseba zwar viele Eindrücke, aber sie konnte ihren Tatendrang und ihre ruhelose Energie nicht vollständig befriedigen. Sie wollte zur Gesellschaft am Hof gehören, sich unter die Ehefrauen mischen, an den Intrigen, den Machtkämpfen teilhaben … Doch sie stand immer noch außerhalb.

Zum Glück war da Hefzibah, ihre Magd, die sich unter die Diener und Sklaven des Hauses mischte. Batseba hatte keinen Zweifel, dass ihre geschwätzige Dienerin alle ihre Geheimnisse ausplauderte; vermutlich beschrieb sie auch ihre Stelldicheins mit David in allen Einzelheiten. Doch das kümmerte sie nicht. Wenn sie dabei Zugang zu den Geheimnissen am Hofe erhielt, wäre es die Sache wert.

So erfuhr Batseba von dem Unfrieden, den der Tod von Königin Abigail im Haus verursacht hatte. Sofort war der Machtkampf ausgebrochen um Abigails Platz als „Erste Ehefrau“ und Familienoberhaupt. Niemand hatte ihn gewonnen. Streitigkeiten blieben ungelöst, Cliquen entstanden, die Stimmung kochte hoch. Und da war niemand, der in Auseinandersetzungen nach Lösungen suchte, um den Frieden wiederherzustellen.

Michal, Davids älteste Frau, war bekannt für ihre Scharfzüngigkeit und ihren Unmut. Sie hatte keine Kinder. Niemand mochte sie oder freundete sich mit ihr an, und so wurde sie täglich bitterer.

Ahinoam, die immer noch ihre dunkle Schönheit und ihre Wespentaille behalten hatte, versuchte auf ihre bescheidene Art, sich bei den anderen Frauen beliebt zu machen. Die nahmen es ihr jedoch übel, dass sie die Mutter von Amnon war, dem erstgeborenen Sohn und damit dem Thronerben.

Maacha, die stolze Prinzessin von Geschur, kam mit allen zurecht, obwohl sie vor den anderen mit ihren Kindern prahlte. Ihr Sohn und ihre Tochter waren zu bildhübschen jungen Erwachsenen herangewachsen. Absalom, Davids dritter Sohn, war das genaue Abbild von David in diesem Alter, wie alle behaupteten. Derselbe Körperbau, das helle Haar, das gebräunte Gesicht, das gewinnende Lächeln. Die Fähigkeit, Liebe und Respekt für sich zu fordern. Und Tamar, seine Schwester. So hübsch. So zart. So liebenswert. Alle mochten sie.

Besonders Amnon. Der junge Thronerbe Davids konnte nicht verbergen, wie er sich zu seiner Halbschwester hingezogen fühlte. Alle sahen das und munkelten hinter seinem Rücken.

Jetzt, mit Anfang zwanzig, hatten die jungen Männer die militärische Laufbahn eingeschlagen und waren dem König als Adjutanten zugeordnet. Sie ließen sich oft in Palastnähe sehen, beeilten sich, die Belange des Königreichs zu erledigen, und sahen dabei sehr geschäftig aus. Die Höflinge beugten sich ihnen, denn sie waren die Zukunft Israels.

Sowohl Amnon als auch Absalom prahlten mit ihrer Reife und ihrer Sorge um die Staatsangelegenheiten. Sie waren so beschäftigt, dass sie anderen am Hofe die kalte Schulter zeigten, einschließlich ihrer Spielkameraden aus Kindertagen. Der stattliche Absalom zog allerorten die Bewunderung der jungen Frauen auf sich, und darauf reagierte er auch. Er baute sich in einem eleganten Jerusalemer Stadtteil ein eigenes Haus, wo er zu ausschweifenden Festen und lauschigen Stelldicheins einlud – wodurch er die Gerüchteküche in Jerusalem zum Überkochen brachte.

Amnon, der sich auch ein eigenes Haus gebaut hatte, verbrachte die meiste Zeit im Palast, wo er weiterhin mit schmachtendem Blick seine Halbschwester Tamar anstarrte.

Batseba sehnte sich so danach, in diese Hofgesellschaft hineinzufinden. Sie wollte teilhaben an den Freuden und Sorgen, den lustigen und tragischen Begebenheiten, dem Gerangel um Macht ... kurz an allem, was das Leben in einer großen Familie ausmacht. Davids Lieblingsfrau zu sein – es war eine Ehre, aber die reichte nicht aus, um ihr den Weg frei zu machen.

Daniel war die einzige Ausnahme.

Abigails einziger Sohn war Davids Zweitgeborener und hätte Thronfolger werden sollen, wenn Amnon etwas zustieße. Doch dann war alles anders gekommen. Ein Unfall mehrere Jahre zuvor hatte ihn aus dem Rennen geworfen.

Batseba erinnerte sich noch, wann es passiert war – etwa um die Zeit herum, als sie Uria geheiratet hatte. Damals lebte die Königsfamilie noch in Hebron. Daniel war ein kräftiger, attraktiver Jugendlicher, Stolz seiner Mutter, geliebt von seinem Vater. Er war in den Militärdienst eingetreten und war Adjutant von Joab, dem Oberbefehlshaber. Bei seinem ersten Einsatz war der Junge in einem kleinen Scharmützel von einem Schwert am Kopf getroffen worden. Der Helm hatte ihm zwar das Leben gerettet, doch war er bei dem Stoß ernsthaft verletzt worden. Er hatte sich nie ganz erholt.

Batseba sah ihn oft im Palast, wie er umherwanderte, freundlich mit seinen kleinen Geschwistern scherzte und mit seinen Tanten ernste, aber bedeutungslose Gespräche führte. Alle liebten ihn, bedauerten ihn, schmeichelten sich bei ihm ein. Manchmal hing sein Unterkiefer schief herunter und Speichel rann ihm übers Kinn. Gelegentlich wurden seine Augen glasig und starrten ins Leere. Obwohl er ganz gut allein zurechtkam, konnte er doch nur die elementarsten Dinge tun. In dem gut entwickelten Körper eines Mannes steckte das Wesen eines Kindes.

Einmal, als Batseba sich in ihrer Sänfte durch Jerusalem tragen ließ, sah sie den Jungen ganz allein auf dem Marktplatz stehen. Sie ließ die Sänfte anhalten und stieg aus.

„Daniel“, rief sie.

Der junge Mann drehte sich um und starrte sie an. Seine Augen leuchteten auf, als er sie erkannte, und auf seinem Gesicht breitete sich ein Lächeln aus.

„Mutter Batseba!“, rief er und aus seiner Stimme klang genauso viel Erleichterung heraus wie man an seinem Gesicht ablesen konnte.

Dass er sie „Mutter“ nannte, war nicht verwunderlich. Respektvoll nannte er alle Frauen im Königshaus so. Er verstand nicht, dass diese Frau Davids nicht wie die anderen geehrt werden durfte.

„Wo ist Jubal?“, fragte Batseba nach dem jungen Mann, der ihn begleiten und beschützen sollte.

Daniel schüttelte den Kopf. „Ich weiß es nicht, Mutter Batseba. Ich glaube, er hat sich verirrt.“

Batseba lächelte. Abigails Sohn war ein fröhlicher Junge. Seine Angst, dass er auf dem großen Marktplatz allein zurückgeblieben war – durch Batsebas Auftauchen war sie schlagartig verflogen.

„Kommst du mit mir zum Palast zurück? Ich lade dich auch in meine Sänfte ein."

Daniel klatschte fröhlich in die Hände. „Ja! Oh ja, Mutter Batseba! Das wäre wundervoll." Dann verdüsterte sich sein Gesicht. „Und was ist mit Jubal?"

„Mach dir um ihn keine Gedanken, Daniel. Er wird schon nach Hause finden." Und zweifellos eine ganz schöne Abreibung bekommen, weil er seine Aufgabe so vernachlässigt hatte, dachte Batseba.

Daniel kletterte in die Sänfte und setzte sich vor Batseba. Die Sklaven griffen nach den Tragestangen, murrten erst ein bisschen über die zusätzliche Ladung und machten sich dann auf den Weg zum Palast.

Batseba lächelte den Jungen liebevoll an. „Nennt irgendjemand dich eigentlich Kilab?", fragte sie.

Daniel runzelte die Stirn und senkte die Stimme. „Nenn mich bitte nicht so, Mutter Batseba. Vater mag das nicht."

Batseba nickte. Den Namen Kilab hatte Abigail ihm gegeben. Er bedeutete „wie sein Vater". David hatte sie überstimmt und gesagt, er wolle nicht, dass jemand seine Vaterschaft anzweifelte, denn der Junge war genau neun Monate nach der Hochzeit geboren. Die Gerüchteküche brodelte damals und man munkelte, er sei in Wirklichkeit der Sohn Nabals, des ersten Ehemanns von Abigail. Also nannte David ihn Daniel – das bedeutete „Gott hat gerichtet" – aus Gründen, die nur David bekannt waren.

Batseba genoss die Gespräche mit dem Jungen, obwohl sie sich nicht erklären konnte, warum. Vielleicht wegen ihrer eigenen Einsamkeit; er war der Einzige im Palast, der höflich zu ihr war. Oder vielleicht sah sie in dem Jungen ein Spiegelbild Davids. Ansehnlich, stark, hell – „wie sein Vater", fürwahr. Niemand würde ihn mit Nabal verwechseln.

In den darauf folgenden Wochen, als ihre Schwangerschaft keine Ausflüge in die Stadt mehr zuließ, genoss Batseba mehr und mehr die Gesellschaft des jungen Daniel. Er machte die Einsamkeit erträglicher an jenen langen Tagen, die sie im Palast verbringen musste.

Daniel kam oft zu ihr ins Zimmer, was die Gerüchteküche im Palast wieder anheizte. Abgesehen von seinem Gemütszustand war er ein ausgewachsener Mann, und die Spekulationen darüber, was in dem Zimmer vor sich gehen könnte, wurden auch dadurch nicht beschwichtigt, dass Hefzibah wieder und wieder Batsebas Unschuld beteuerte.

Batsebas Freude über ihre Schwangerschaft wurde durch ihr Schuldgefühl gedämpft. Sie konnte nicht leugnen, dass Gott wirklich richtete.

Auch sie fühlte sich verantwortlich für Davids große Sünde. Selbst wenn sie nichts von Davids Anwesenheit auf dem Dach über ihr geahnt hatte – so hatte sie David womöglich doch verführt, indem sie da badete, wo er sie sehen konnte. Vielleicht hatte ihre Dienerin sie warnen wollen, doch sie hatte nicht hingehört. Zumindest musste sie ihren Anteil an Davids Schuld anerkennen.

Sie hatte versucht, Jahwe zu ignorieren. Doch sie konnte ihn nicht leugnen. Wenn sie abends David singen hörte, spürte sie die gleiche enge Verbundenheit mit Gott wie ihr Mann. Und wenn David von seiner eigenen Schuld sang, teilte sie auch dieses Gefühl mit ihm. In die Freude über ihren neuen Ehemann mischte sich das Gefühl der Treulosigkeit gegenüber ihrem ersten Mann, dessen unschuldiges Leben um ihrer Sünde willen ausgelöscht worden war.

Sie und David waren beide schuldig vor Gott, und in ihrem Innern verspürte sie tiefe Trauer darüber. Zumindest glaubte sie das – bis zu dem Tag, an dem sich der Prophet Nathan in ihr Leben drängte.

6

Um der Langeweile zu entfliehen, schlich Batseba sich manchmal unbemerkt in den großen Thronsaal, um mitzubekommen, was im Königreich verhandelt wurde. Sie trug einen Schleier und ein weites Hängekleid; es geziemte sich einer offensichtlich schwangeren Frau nicht, unbedeckt in der Öffentlichkeit zu erscheinen.

Zuversicht ausstrahlend, sprach David Recht und regelte politische Angelegenheiten. Aus den Nachbarstaaten, großen wie kleinen, kamen Abgesandte, um Höflichkeiten auszutauschen und sich gegenseitig Frieden und fortwährende Handelsbeziehungen zuzusichern. Joabs Boten berichteten von der andauernden Belagerung der Stadt Rabba. David ließ ihnen im Gegenzug Ermutigung und Rat übermitteln. Er rief Bauprojekte ins Leben, ließ Straßen ausbessern, traf Handelsabkommen mit Staaten nah und fern und stellte eine Mittelmeerflotte in Dienst. Und immerzu wurde Recht gesprochen – gerecht, zügig, weise.

Batseba kauerte unauffällig in einer Ecke. Sie staunte immer wieder über die Fähigkeiten und die Klugheit ihres Mannes. Ganz besonders gefielen ihr seine Entscheidungen in rechtlichen Auseinandersetzungen. Er bevorzugte nicht die Reichen, sondern versuchte, unparteiisch zu sein und allen gerecht zu werden.

Oft wurden Rechtsanfragen durch den Propheten Nathan vor den König gebracht, denn er schien immer die Sache der Armen im Land zu verfechten. Auch heute stand er vor dem Podest.

„Der König lebe ewig!“

Das war die übliche Begrüßungsformel, um den König anzureden. Nathans feste, volltönende Stimme drang bis in den letzten Winkel des Saales, jeder konnte ihn hören. Batseba spürte förmlich, wie die Anspannung unter den Höflingen wuchs.

„Zwei Männer leben in dieser Stadt. Ein Reicher, ein Armer.“

Batseba hatte schon oft zugehört, wenn Nathan seine Geschichten vortrug. Deshalb wusste sie sogleich, was jetzt kam: eine Bitte um Gerechtigkeit.

„Der Reiche hat eine große Schafherde, eigentlich mehrere

Herden, und eine Ziegenherde. Der Arme hat nichts. Nichts – außer einem Lamm."

Batseba staunte wie alle anderen hier im Versammlungsraum über Nathans Begabung. Oft leitete er seine Fälle mit einem Gleichnis ein.

„Dieses Lamm war das einzige Spielzeug seiner Kinder. Er fütterte das Tier an seinem eigenen Tisch. Es trank aus seinem Becher. Nachts schlief es in seinem eigenen Bett. Es war für ihn wie seine eigene Tochter."

Plötzlich spürte Batseba, wie eine eiskalte Hand nach ihrem Herzen griff.

Wie seine eigene Tochter. Das bedeutete *bat-seba*. Wie ihr eigener Name. Die eiskalte Hand griff noch fester zu.

„Eines Tages bekam der Reiche Besuch. Natürlich wollte er seinen Gast auch bewirten. Aber er nahm kein Schaf aus seiner eigenen großen Herde, sondern er ging einfach zu dem Armen und nahm dessen Lamm weg. Er schlachtete es, briet es am Feuer und servierte es dem Gast zum Abendessen."

Batseba wusste sofort, was diese Geschichte zu bedeuten hatte.

David hatte es offenbar noch nicht begriffen. Die Zornesröte stand in seinem Gesicht, als er aufsprang. „Ich schwöre bei Jahwe, dem lebendigen Gott", donnerte er, „dass der Mann sterben wird! Zuerst muss er jedoch dem Armen vierfach zurückgeben, was er ihm weggenommen hat. Er ... er ..."

Ihm fehlten die Worte. Seine Augen funkelten. Alle kannten Davids Sinn für Gerechtigkeit.

Dann Stille. In diesem dramatischen Augenblick deutete Nathan mit seinem Finger auf David.

„Du bist der Mann!"

Die Menge hielt den Atem an. David wurde schneeweiß und sank auf seinem Thron in sich zusammen. Jetzt wusste er, was Nathans Gleichnis zu bedeuten hatte. Genau wie alle anderen im Saal.

Batsebas Hals war wie zugeschnürt. Ihr Magen spielte plötzlich verrückt, und durch ihren Unterleib zuckte ein stechender Schmerz. Sie stolperte aus der Halle, den Gang entlang, hinaus in den Hof. Dort setzte sie sich auf eine Bank und rang um Atem. Glücklicherweise war niemand hier draußen.

Einen Augenblick später traten David und Nathan in den Hof.

Die beiden schienen sie nicht zu bemerken. Davids Stimme klang gepresst und schwach.

„Was meintest du mit all dem?"

Batseba biss sich auf die Lippe. David wusste genau, was Nathan meinte.

Nathans Stimme, die im Thronsaal dröhnend geklungen hatte, war jetzt sanft und mitfühlend. „So spricht Jahwe: ‚Ich habe dich zum König über Israel gemacht und dich aus der Gewalt König Sauls befreit. Ich gab dir zwei Königreiche, diesen Palast, viele Ehefrauen. Und vieles sollte noch hinzukommen! Doch du hast meine Gesetze missachtet und mir getrotzt.' Daher, mein Herr und König, wird jetzt Unglück über dich kommen. Dein eigenes Haus wird sich gegen dich auflehnen. Viele deiner Söhne werden sterben und deine Frauen vergewaltigt werden. Was du getan hast, hast du im Verborgenen getan; was jetzt geschehen wird, wird vor aller Augen geschehen!"

David vergrub den Kopf in den Händen und sank auf die Knie. Er zerriss sein Gewand.

„Ich habe gegen Gott gesündigt. Ich habe den Tod verdient."

So viel Seelenschmerz klang aus Davids Worten heraus, dass Batseba tiefes Mitleid empfand. Er hatte so oft von seiner großen Schuld gesprochen und Lieder darüber komponiert. Jetzt brach sie in Tränen und Jammern aus ihm heraus.

Nathan streckte die Hand aus und berührte Davids Kopf. Seine Worte waren sanft.

„*Du* wirst nicht sterben. Aber ... dein Kind ..."

Ein stechender Schmerz durchzuckte Batsebas Leib. Sie schrie auf. Die beiden Männer im Hof drehten sich um und entdeckten, dass sie nicht allein im Hof gewesen waren. Sie kamen eilig zu ihr, während Batseba sich vor Schmerzen krümmte.

Dann ging alles ganz rasch. Diener wurden herbeigerufen, man trug sie auf ihr Zimmer. Hebammen kamen und standen ihr bei.

Das Kind kam unter Schmerzen und Kummer zur Welt.

Der Junge war krank. Batseba wusste es sofort, und es überraschte sie nicht. Ihr Sohn war von Gott verflucht worden. Jeden Tag wurde sein Schreien schwächer. Sieben Tage lang. Dann starb er.

In dieser Woche sah Batseba nichts von David. Sie versuchte, ihr Leid zu ertragen, obwohl sie alleine war. Von Hefzibah war zu erfahren, dass David draußen im Hof trauere. Tag und Nacht verbringe er auf dem harten Erdboden, ohne dass er Nahrung zu sich nehme. Niemand könne ihn trösten.

Auch Batseba war untröstlich. Die Frauen kamen nicht in ihre Nähe. Hefzibah kümmerte sich um ihr körperliches Wohlergehen, hatte aber keinen Trost zu bieten.

Als das Kind starb, saß Batseba auf dem Boden neben seinem kleinen Körper. Sie starrte ihn an. So klein. So weiß. So ausgezehrt von der Krankheit. So ... verflucht von Jahwe.

Jahwe! Der Gott der Liebe und des Mitgefühls. Langsam schüttelte sie den Kopf, während sie den leblosen Körper anstarrte. An diesem Gott war nichts Liebes oder Zärtliches. Jedenfalls nicht ihr gegenüber.

Und auch nicht David gegenüber. Jahwes Liebling hatten sie den König genannt. *Ha! Jahwes Verfluchter sollten sie ihn nennen!*

Das war die Strafe für ihre Sünde. So rächte sich Jahwe an zwei Menschen, die die Kühnheit besessen hatten, das Gesetz Gottes zu missachten ...

Rache! Hatte Gott ihnen das angetan? Und nicht nur ihnen. Jahwe hatte gerade ein unschuldiges Kind umgebracht. Sie erschauderte. Wie konnte sie an so einen Gott glauben? Das war kein Gott der Liebe. Er war ein Gott der Vergeltung, der Unschuldige bestrafte. Genau wie Schamasch oder Dagon oder Moloch und all die anderen so genannten falschen Götter.

Sie wusste nicht, wie lang sie so dasaß, mit leerem Blick das tote Kind anstarrte, während ihre Gedanken sich im Kreis drehten.

David kam herein.

Sie schaute zu ihm auf und war verwirrt. Er hatte neue Kleider angezogen, Haare und Bart eingeölt und gekämmt, sein Körper wirkte frisch und sauber.

„Komm, Frau“, sagte er leise und streckte die Hand zu ihr aus. „Nimm ein Bad. Zieh dich um. Wir müssen das Kind in sein Grab legen.“

Sie starrte ihn an. „Das verstehe ich nicht. Wie kannst du ...“

Er nahm sie in den Arm. „Warum sollen wir um ihn trauern, wenn er tot ist?“, murmelte er. „Wird unsere Trauer ihn zurückbringen? Nein. Eines Tages werden wir zu ihm gehen, aber er kann nicht zu uns zurückkommen."

Sie reagierte auf seine Zärtlichkeit. David hatte Macht über sie, so war es immer gewesen. Er hatte es stets fertig gebracht, dass sie sich seinen Stimmungen anpasste.

Batseba erfuhr die Liebe ihres Mannes, aber Gottes Liebe blieb ihr fremd. Sie war ihr entzogen worden. Aber hatte sie diese Liebe jemals besessen? Nur indirekt. Durch David. Er war von Gott geliebt, und diese Liebe übertrug sich auch auf sie.

Verzweifelt sehnte Batseba sich nach einer solch tiefgehenden Begegnung mit Gott, wie David sie kannte.

7

Trotz seiner Schuld war David zuversichtlich.

„Jahwe ist gut", sagte er eines Abends zu ihr. „Er hat uns für unsere Sünde gestraft, aber jetzt wird er uns vergeben."

Batseba zögerte, ihm zu glauben, selbst als sie feststellte, dass sie ein zweites Mal schwanger geworden war.

„Ich verstehe das nicht", sagte sie nachdenklich. „Ich habe immer an Gott geglaubt, er war einmal ein wichtiger Teil meines Lebens. Ich dachte, er sei freundlich und liebevoll. Aber jetzt nicht mehr. Ich kann seine Güte und Vergebung und Freundlichkeit mir gegenüber nicht mehr erkennen. Warum bloß?"

David zuckte die Achseln. „Ich behaupte nicht, dass ich den Willen Gottes verstehe. Ich weiß nur, was er für mich getan hat. Und Gott ist gut."

„Du bist Gottes Gesalbter. Darum ist er so gut zu dir. Aber er beachtet mich nicht. Woher soll ich wissen, dass er um meiner selbst willen gut zu mir ist – und nicht bloß, weil ich mit dir verheiratet bin?"

„Nicht einmal, wenn du noch einem Sohn das Leben schenkst?"

„Und woher soll ich wissen, dass Jahwe unserem zweiten Kind nicht dasselbe antut wie unserem ersten?"

Ihre Frage verblüffte David. Lange Zeit saß er schweigend da und zupfte mit Daumen und Zeigefinger an seinem Kinn. Schließlich sagte er mit sanfter Stimme: „Er hat uns einmal bestraft. Jetzt hat er uns vergeben. Wieso sollten wir Angst haben, er würde uns weiterhin für vergangene Sünden verfluchen? Wir haben unsere Sünde bekannt und dafür gebüßt. Können wir denn nicht glauben, dass er uns in Zukunft wieder Gutes tun wird?"

Batseba antwortete nicht. David sagte nichts weiter. Sie war sich ziemlich sicher, dass David selbst nicht so recht glaubte, was er da gerade gesagt hatte. Glaubte er denn, Gottes Bestrafung sei schon vorbei? Sie seufzte. Das ging weit über ihr Verstehen hinaus; sie konnten nicht in die Tiefe göttlichen Denkens eindringen.

Trotzdem blickte Batseba finster in die Zukunft. Jahwe war ein Gott, der seine Versprechen – und auch seine Drohungen – hielt, das hatte sie nun am eigenen Leibe erfahren. Nathan, der Gottes Sprachrohr war, hatte vorhergesagt, ihr erstes Kind würde innerhalb einer Woche sterben – und so war es gekommen.

Was hatte Nathan noch gesagt? Rebellion in der Königsfamilie, der Tod einiger Söhne Davids, Vergewaltigung von Davids Frauen. Sie schauderte. Über diese Dinge sprach ihr Mann nicht. Sie auch nicht. Sie sollten lieber in Vergessenheit geraten.

Joab schickte Nachricht von der Front. Sie hatten den Wasservorrat von Rabba erbeutet; die Stadt würde in Kürze fallen.

Er lud den König ein, persönlich nach Rabba zu kommen und sich den Sieg als eigenen Verdienst anrechnen zu lassen. Wenn David nicht käme, würde die Stadt vermutlich „Joabs Stadt" genannt werden, genauso wie Jerusalem „Davids Stadt" hieß – und Joab lehnte diese Ehre für sich ab. Das war typisch für den Oberbefehlshaber von Davids Heeren; seine Verehrung des Königs war größer als sein Streben nach eigener Ehre und Anerkennung.

Und so zog David in die Schlacht. Seine Berater hatten ihn zwar davor gewarnt, sich selbst in Gefahr zu begeben, aber David meinte, aus einem wichtigen Grund am Ende dabei sein zu müssen. Es ging nicht nur darum, das Verdienst für den Sieg einzustreichen. Man brauchte seine Klugheit und sein staatsmännisches

Geschick, um die Verteilung von Gütern und Sklaven aus der eroberten Stadt zu überwachen. Der Staat Israel musste nach einer so langen und kostspieligen Belagerung den größtmöglichen Nutzen aus dieser Eroberung ziehen; und die Entscheidungen, die zu treffen waren, gingen über das hinaus, was der Krieger Joab verantworten konnte.

Davids Abwesenheit zog sich mehrere Monate hin, und Batseba vermisste ihn schmerzlich. Sehr zum Verdruss der klatschsüchtigen Frauen im Palast verbrachte sie viel Zeit in Gesellschaft des jungen Daniel. Doch Batseba fand noch einen anderen Gesprächspartner.

Sie stand jeden Morgen früh auf, um im Hof spazieren zu gehen. Das war für sie die schönste Zeit des Tages. Noch keine andere Frau war wach, und sie genoss die Zeit, die sie allein im Garten zubringen konnte. Die frische Morgenluft war belebend, und der helle Tau auf Gräsern und Blumen glitzerte in der Sonne. Sie merkte, dass sie um diese Tageszeit und in dieser Umgebung viel fröhlicher und zuversichtlicher sein konnte.

Eines Tages gesellte sich der Prophet Nathan zu ihr. Vielleicht waren sie sich zufällig begegnet; doch sie vermutete vielmehr, dass er von ihrer täglichen Gewohnheit gehört hatte und sie bewusst treffen wollte. Hier in diesem friedlichen Umfeld wirkte er milder, menschlicher – ganz anders als der donnernde Prophet Gottes, der seine Anklagen im Thronsaal vorbrachte.

„Jahwe sei mit dir, mein Kind."

So begrüßte er sie jeden Morgen. Er machte keine Vorhaltungen, sprach keine göttlichen Urteile über sie aus – Batseba spürte einfach nur Freundlichkeit und höflichen Respekt.

Sie redeten über David, über den Sieg in Rabba, über die Welle von Baumaßnahmen neuer Straßen und Häuser, die der Reichtum und die Sklaven aus Rabba mit sich brachte. Sie redeten über Davids Weisheit, seinen Glauben an Gott, sein Geschick im Umgang mit Menschen. Dieser Prophet, der von seinem Äußeren her so gar nicht an einen Königshof zu passen schien – er wurde für Batseba so etwas wie ein liebevoller Vater.

Eines Morgens, nachdem sie mehrere Wochen lang täglich miteinander geredet hatten, meinte Batseba, ihn gut genug zu kennen, um ihm eine gewagte Frage zu stellen.

„Spricht Gott wirklich mit Euch?“

Er lächelte sie an. „Ja, mein Kind. Das tut er wirklich.“

„Wie denn?“

Er zuckte die Achseln. „Nicht immer auf ein und dieselbe Art und Weise. Meistens ... gibt er mir einen Gedanken ein, und dann weiß ich ganz genau: Das war von Gott.“

Nach dieser höflichen Antwort traute sie sich, weiter vorzustoßen. „Aber woher wisst Ihr denn, dass es wirklich Gottes Stimme ist? Sind es nicht womöglich Eure eigenen Gedanken, die Ihr, fromm wie Ihr seid, Gott zuschreibt?“

Sie glaubte schon, sie hätte ihn verletzt, doch er lächelte nur und antwortete: „Das habe ich mich auch schon gefragt. Aber ich stelle immer wieder fest, dass die Botschaften, die er mir gibt, weit über alles hinausgehen, was sich mein einfaches Gemüt ausdenken könnte. Manchmal sind es Zukunftsdeutungen – und sie gehen jedes Mal in Erfüllung. Bisher hat sich Gott nie geirrt. Wären es lediglich meine eigenen Ideen, so wären es Vermutungen, und die würden häufig nicht eintreffen. Doch sie treffen immer ein. Also weiß ich, dass sie von Gott kommen.“

Sie nickte. „Ich vermute, dass er auch zu David spricht. Es muss schön sein, einen Gott zu haben, der mit einem spricht.“

„Er ist auch dein Gott, mein Kind.“

Hier endete ihre Diskussion meistens, denn sie verwahrte sich gegen ein zu tiefes Eindringen in ihre eigene Gefühlswelt.

Die Wochen vergingen, und ihr Bauch rundete sich wieder.

Eines Morgens sprach Nathan sie darauf an. „Dein Sohn ist stark“, sagte er.

„Mein Sohn? Woher wisst Ihr, dass es ... Oh! Hat Gott es Euch gesagt?“

Er nickte. „Ich bin mir sicher, dass er stark und weise wird.“

„Und gesund?“

Der Prophet blieb stehen und wandte sich ihr direkt zu. Sein Blick bohrte sich in ihre Augen. „Du trauerst immer noch um dein Kind.“

Batseba hatte auch kurz innegehalten, doch jetzt wandte sie sich ab und ging weiter. Sie konnten über alles reden – David, das Königreich, Nathans Einblicke in das Wesen Gottes, selbst über ihr ungeborenes Kind –, aber wenn er an ihre innersten Gedanken rührte, ging sie fort.

Er folgte ihr. „Gott liebt dich, mein Kind."

Sie sagte nichts und ging weiter.

„Und dein Sohn wird der nächste König über Israel sein."

Batseba blieb stehen, es verschlug ihr den Atem. Was sagte er da? Das war doch unmöglich. Absurd. Langsam drehte sie sich zu ihm um. „Nein, nein! Ich will nichts davon wissen, weder für mich noch für meinen Sohn. Wer die Krone trägt, hat nichts als Kummer. Sag Jahwe, er soll uns einfach in Ruhe lassen."

Langsam und bedächtig schüttelte er den Kopf. „Wir können Gott nicht vorschreiben, was er zu tun und zu lassen hat. Aber denke daran, mein Kind. Er liebt dich ... und deinen Sohn."

Sie wandte sich ab.

Sie konnte ihm nicht glauben. Sie *würde* ihm nicht glauben. Das *konnte* gar nicht wahr sein. Es *durfte* nicht sein. All das Elend, die Wunden, das Unheil. Was Gott aus Davids Zukunft machen würde, sollte nicht auch auf ihren Sohn zukommen! Sie konnte Nathan und Davids Gott glauben, doch sie konnte seine Liebe nicht annehmen.

Am nächsten Morgen sagte Nathan ihr auf den Kopf zu: „Du musst Gott lieben, mein Kind. Denn er liebt dich."

Wieder wandte sie sich ab. Doch in sanftem Ton setzte er nach: „Deine Schuldgefühle sind unangebracht. Gott ist nicht böse auf dich."

Sie seufzte und drehte sich zu ihm um. „Nicht böse auf mich? Nachdem er mein Kind umgebracht und Davids Familie entsetzliche Strafen angedroht hat? Wie könnt Ihr nur so etwas sagen?"

„Jahwe ist ein Gott der Gerechtigkeit, Batseba. Er straft nicht aus Rache. Das ist der Unterschied zwischen Züchtigung und Strafe. Strafe geschieht aus Rache; Züchtigung soll dazu dienen, charakterfest zu werden."

Batseba sagte nichts. Ihre Gedanken wirbelten wild durcheinander. Das waren alte Lehrsätze, und der Prophet klang so pedantisch wie ein alter Lehrer.

Batseba starrte zu Boden. Wenn sie sich in Schweigen hüllte – vielleicht würde Nathan sie dann in Ruhe lassen.

Doch genau das tat er nicht. Er bestürmte sie weiter: „Ich sagte, deine Schuldgefühle sind unangebracht. Gott züchtigt nicht *dich*. Seine Gerechtigkeit richtet sich nur auf David."

Das konnte sie kaum glauben. Ihre Sünde betraf sie beide; sie waren gleichermaßen schuldig.

Fast als läse er ihre Gedanken, fuhr Nathan fort: „Es ist Davids Sünde, nicht deine. Du hast ihn nicht verführt. Du warst unschuldig. Der König hat befohlen, und du hast gehorcht."

Sie schüttelte den Kopf, sagte aber nichts. Was er da sagte, war kaum zu glauben. Sie fühlte sich immer noch schuldig. Wie konnte es denn nicht ihr Fehler sein?

Der Prophet fuhr fort: „Deine Schuld wurzelt in deiner Liebe zu David. Du fühlst dich untreu gegenüber deinem ersten Ehemann, den du nie geliebt hast. Aufgrund von Davids großer Sünde hast du Ehebruch begangen, und daraufhin hast du dich in David verliebt. Darum fühlst du dich schuldig."

Batseba konnte dem nicht zustimmen. Was er da sagte, mochte wohl wahr sein. Aber jetzt konnte sie es nicht akzeptieren. Vielleicht später.

„Du brauchst dich nicht schuldig zu fühlen, weil du David liebst. Jahwe hat die Liebe innerhalb der Ehe gutgeheißen. Du bist Gottes Kind. Nimm das an. Nimm seine Liebe zu dir an. Dann wirst du Frieden für deine Seele finden."

Noch immer sagte Batseba nichts. Vielleicht würde sie später verstehen, was Nathan ihr da erklärte. Dass Gott sie liebte. Dass er ihre Liebe zu David nicht missbilligte. Dass sie keinen Grund hatte, sich schuldig zu fühlen ... oder ihrem ersten Ehemann untreu ... oder dass Gott sie verflucht hatte. Vielleicht später. Im Augenblick stand sie erst einmal wie betäubt da und starrte zu Boden.

Nathan respektierte ihr Schweigen und überließ sie ihren Gedanken. Doch sie konnte sich nicht zwingen, über irgendetwas nachzudenken. Nicht heute. Morgen ... vielleicht.

Als die Zeit der Geburt ihres Kindes näherrückte, kehrte David aus Rabba zurück.

Dann war es soweit, und die Hebammen wurden herbeigerufen. Wie vorhergesagt, kam ein Junge zur Welt. Ein strammer, gesunder Junge.

David selbst legte das Kind auf Batsebas Knie, wie es seit Jahrhunderten bei der Namensgebung Brauch war. „Er soll Salomo heißen“, sagte er feierlich.

„Er soll Salomo heißen“, sprach Batseba ihm nach.

Ein guter Name. Salomo bedeutete „Gott ist sein Friede“. Noch ein weiterer Sohn Davids trug das Wort „Friede“ in seinem Namen: Absalom, was so viel bedeutete wie „der Friede seines Vaters“. Batseba fragte sich, ob der Name irgendeine Bedeutung für die Kinder hätte. Ein Sohn war nach dem Frieden seines Vaters benannt; der andere nach dem Frieden Gottes. Würde der erste denselben Frieden in seinem Leben finden wie sein Vater? Und der andere den Frieden, den Gott gab?

Sie zuckte die Achseln. Solche Gedanken waren weit hergeholt. Es war besser, den Namen des kleinen Salomo mit dem Namen „Jerusalem“ zu vergleichen. Der Name der Stadt bedeutete „Grundmauer des Friedens“. Ob es irgendeine Bedeutung hatte, dass der Junge „Gott ist sein Friede“ hieß und die Stadt „Grundmauer des Friedens“? Ach, nein. Das waren doch bloß Namen.

Ein paar Tage später nahm sie das Kind frühmorgens mit in den Hof. Sie hatte erfahren, dass Nathan immer noch zur gewohnten Zeit dort spazieren ging. Vielleicht wartete er darauf, dass sie nach der Entbindung wieder zu den gemeinsamen Spaziergängen erschien? Außerdem wollte sie ihrem väterlichen Freund auch gern das Kind zeigen.

Nathans Gesichtszüge wurden weich und zärtlich, als er das Kind sah. Er nahm es auf den Arm und lächelte. „Er heißt Jedidja“, murmelte er.

„Nein“, entgegnete Batseba. „Wir haben ihn schon Salomo genannt. Der König hat es so bestimmt, und er hat es auch schon in die Chronik des Königs eintragen lassen.“

Nathan schüttelte den Kopf. „Er heißt Jedidja“, wiederholte er leise. „Jahwe hat es so bestimmt.“

Batseba schaute ihren Lehrer wehmütig an. „Ich wünschte, es wäre so. Mir gefällt dieser Name besser. Werdet Ihr David bitten, ihn zu ändern?“

„Nein.“ Nathan schüttelte seinen zerzausten Kopf. „Nein, lass ihn so stehen. Der Name Salomo wird in der ganzen Welt bekannt werden. Jedidja wird er nur für dich sein.“

Der Name „Jedidja“ erwärmte Batsebas Herz. Er bedeutete „von Gott geliebt“. Ein guter Name.

Und wenn Jahwe dieses Kind liebte, konnte er dann nicht auch seine Mutter lieben? Vielleicht war der geheime Name, den Nathan ihrem Kind gegeben hatte, genau das, was sie brauchte, um Gottes Liebe zu erkennen?

8

Batseba fand, dass ihr Leben im Palast als Lieblingsfrau des Königs nicht einsam war, obwohl sie von den anderen Frauen gemieden wurde. Jetzt hatte sie vier Begleiter, denen sie gern ihre Zeit widmete.

Da war vor allem David. Seine Liebe zu ihr war tief und aufrichtig. Er kam jeden Abend zu ihr, wenn er seine Dienstgeschäfte erledigt hatte.

Und natürlich Salomo. Das Baby nahm sie jetzt ganz in Anspruch. Sie entdeckte gleichermaßen die Freuden wie die Schwierigkeiten der Mutterschaft. Manchmal war die Hausarbeit langweilig. Oft schleppte sie sich erschöpft durch den Tag, nachdem sie die ganze Nacht am Bett ihres Kindes verbracht hatte, und manchmal trieben sein unaufhörliches Geschrei, weil er Koliken hatte oder zahnte, sie fast zur Verzweiflung. Aber wie alle Mütter fand auch sie, wenn sie ihn zum Lächeln oder Glucksen brachte, dass so ein einziger kostbarer Augenblick alle Mühe und Plage aufwog.

Auch Daniel, Davids geistig behinderter Sohn, verbrachte viel Zeit mit Batseba. Für den kleinen Salomo wurde er zum Onkel. Er passte auf ihn auf, spielte und redete mit ihm.

Und schließlich Nathan. Ihre morgendlichen Spaziergänge brachten Batseba Trost und neue Einsichten. Sie merkte allmählich, dass nicht nur die Worte des Propheten, sondern auch seine Zuneigung sie dazu brachten, Gottes Liebe zu akzeptieren. Seltsam, dass Gottes Liebe durch das Handeln eines Menschen deutlicher übermittelt werden kann als durch Worte.

Vier Begleiter. Sie fühlte sich nicht länger einsam am Königshof. Obwohl ihre Dienerin ihr offenbar treu ergeben war, konnte sie Hefzibah nicht als Begleiterin rechnen. Sie war ein flatterhaftes Wesen und ging ganz darin auf, den Hofklatsch aufzunehmen und weiterzutragen. Dass sie Batseba auf dem Laufenden hielt, konnte Batseba nicht abstreiten. Doch der Preis für diese Palastspionage war, dass Hefzibah das eigene Familienleben im ganzen Palast verbreitete. Alle im Haus wussten genauso viel über sie wie sie über die anderen.

Über Hefzibah erfuhr Batseba von Amnon und dessen Zuneigung zu seiner Halbschwester Tamar.

„Dieser Junge." Hefzibah zergingen die Worte auf der Zunge und sie genoss es förmlich, ihre Geschichte zu erzählen. „Er verbringt mehr Zeit im Palast als in seinem eigenen Haus. Er hält sich zu Hause nicht einmal Konkubinen. Er kann kaum den Pflichten nachkommen, die sein Vater ihm aufträgt. Alles, was er macht, ist Tamar hinterherlaufen und ihr schöne Augen machen."

Solche Klatschgeschichten verbreiteten sich im Palast wie ein Lauffeuer, und die Diener hatten viel zu tuscheln und zu kichern. Für sie waren die Abenteuer ihrer Herren und Herrinnen eine Quelle köstlicher Unterhaltung.

„Und wie steht Tamar dazu?", fragte Batseba, nur mäßig interessiert. „Oder, besser gesagt, wie steht ihr Bruder Absalom dazu?"

„Ach, Absalom ist das egal. Der kümmert sich mehr um die anderen Mädchen als um seine Schwester. Tamar? Na ja … Ich glaube, sie mag die Aufmerksamkeit. Damit kann sie sich beschäftigen, solange sie darauf wartet, dass der König über ihre Zukunft entscheidet."

Batseba nickte. David musste einen Ehemann für die hübsche Tamar finden. Noch eine Entscheidung für den König. Mehrere seiner Töchter wurden in ausländische Hauptstädte geschickt und mit den jungen Prinzen verheiratet. Die Töchter des mächtigen Königs David waren sehr begehrt.

Eines Tages kam Hefzibah ganz aufgebracht zu ihrer Herrin.

„Dieser junge Mann …", sagte sie schroff, „… er hat es getan. Er ist einfach hineingegangen und hat es gemacht."

„Wer?", wollte Batseba wissen. „Und was hat er getan?"

„Amnon. Er hat Tamar vergewaltigt. Feiner Kronprinz!“

Batseba stockte der Atem. Amnons jugendliche Vernarrtheit in seine Halbschwester wurde von allen in der Königsfamilie, ja sogar in ganz Jerusalem, mit freundlicher Nachsicht betrachtet. Aber bis jetzt hatte ja auch alles ganz harmlos ausgesehen.

Hefzibah kannte die Geschichte in allen Einzelheiten – wie sie alle Geschichten genau kannte, die in den Küchen und Schlafzimmern des Palastes in Umlauf waren. Diese hier war erst vor wenigen Stunden passiert.

Amnon hatte sich zu Hause ins Bett gelegt. Krank, wie er sagte. „Wohl eher liebestoll“, schnaubte Hefzibah. Er hatte seinen Vater gebeten, Tamar einen Honigkuchen für ihn backen zu lassen.

Tamar war zu ihrem Bruder gekommen – nur in Begleitung ihrer Dienerin Hanna. Die Prinzessin musste doch von der Verliebtheit ihres Bruders wissen ... Aber sie reagierte wie eine Schwester, die von ihrem Bruder abgöttisch geliebt wird. Sie ging also zu ihm ins Schlafzimmer und bereitete vor seinen Augen den Kuchenteig.

„Hanna sagte, sie wusste wohl, was da abgehen sollte, als der Knabe alle Diener aus dem Raum schickte und die Tür schließen ließ“, fuhr Hefzibah fort. „Wie dumm von der Prinzessin, würde ich sagen.“

Nicht viele Herrinnen erlaubten ihren Dienern, wie Hefzibah zu reden. Doch Batseba ließ es durchgehen, weil ihre Magd eine Goldgrube an Informationen war. Sie genoss es, ihre Geschichte zu erzählen, und kostete es voll aus.

„Als sie ihm den frisch gebackenen Kuchen gab, packte er sie am Arm. Ha! Jetzt ging ihr endlich auf, was er vorhatte.“

Dann beschrieb Hefzibah den Rest der Geschichte – anschaulich und mit pikanten Details ausgeschmückt. Tamar hatte Amnon angefleht, es nicht zu tun. Sie war Jungfrau und für eine Heirat aus staatspolitischen Gründen vorgesehen. Es würde ihre Zukunft zerstören. Doch Amnon ließ sich durch nichts aufhalten.

„Als er fertig war“, sagte Hefzibah und leckte sich beinahe genüsslich die Lippen, „warf der Prinz sie raus. Sein Diener musste sie buchstäblich vor die Tür setzen. Und dann hinter ihr abschließen. Hihi!“

Batseba konnte nichts Lustiges an diesem Vorfall finden. Vorfall? Nein – es war eine Familientragödie!

„Hat der König schon davon erfahren?“, wollte sie wissen.

„Oh nein. Keiner erzählt ihm auch nur ein Sterbenswörtchen!“

Batseba hatte keine Ahnung, wie ihr Mann mit dieser Nachricht umgehen würde. Doch er musste es erfahren.

„Wo ist Tamar jetzt?“, fragte sie ihre Dienerin.

Hefzibah zuckte die Achseln. „Weiß nicht. Sie ist nicht im Palast. Vielleicht ist sie zu ihrem Bruder nach Hause gegangen.“

Das wäre denkbar, Absaloms Haus war nicht weit von Amnons entfernt. Allerdings war Absalom gerade in Rabba und verteilte die Kriegsbeute. Gut so. Nicht auszudenken, was dieser ungestüme junge Mann tun würde, wenn er zu Hause wäre.

Batseba erzählte ihrem Mann von dem Vorfall, als er abends zu ihr kam. Er hatte noch nichts gehört. Offenbar wusste jedermann in Jerusalem Bescheid – außer David.

Der König war tief betroffen. Er wanderte auf und ab, zerriss seine Kleider, schüttelte den Kopf und hielt gelegentlich inne, um mit dem Fuß aufzustampfen.

„Dieser Dummkopf!“, murmelte er. „Weiß er denn nicht, was auf ihn zukommen kann? Wenn Absalom davon erfährt…“

„Das wird er noch früh genug erfahren“, sagte Batseba. „Vielleicht solltest du besser so bald wie möglich mit ihm reden.“

David blieb stehen und rieb sich mit Daumen und Zeigefinger das Kinn.

„Ja. Du hast Recht. Aber wie nur? Er ist jetzt in Rabba und kann nicht zu ihm. Vielleicht … vielleicht legt sich sein Zorn mit der Zeit.“

„Das bezweifle ich.“ Batseba ging zu ihm und griff nach seiner Hand. „Ist das der Anfang von Nathans Prophezeiung?“

Gequält runzelte David die Stirn. „Das ist zu befürchten. Jahwe ist immer noch zornig auf mich wegen meiner Sünde. Wie lange noch?“

Und doch schien die Sache hier ein Ende zu finden. Absalom kam nicht gleich heim – und als er kam, sagte er nichts. David ließ es dabei bewenden.

Batseba fragte sich, ob der hitzköpfige junge Mann einfach darüber hinweggehen wollte, ob er sich nicht rächen würde.

Unwahrscheinlich. Aber nichts geschah, und der Vorfall schien in Vergessenheit zu geraten.

Monate verstrichen. Bis auf ein kühles Verhältnis zwischen den Brüdern Absalom und Amnon hatte sich, rein äußerlich zumindest, nichts verändert. Von der schönen Tamar sprach keiner mehr. Sie lebte jetzt praktisch als alte Jungfer in Absaloms Haus. Ihr Leben war durch ihren Halbbruder ruiniert worden.

Hatte Absalom wirklich vergessen? Batseba bezweifelte es. Er sah seine Schwester täglich. Ihr Kummer und ihre Einsamkeit erinnerten ihn ständig an Amnons Vergehen. Dessen Gleichgültigkeit und Hochmut gossen gewiss Öl in das Feuer der unausweichlichen Tragödie.

Im Palast ging Batsebas Leben ungestört weiter. Salomo wuchs, machte seine ersten wackligen Schritte und marschierte geradewegs in die Herzen aller, die ihn sahen. Daniel nahm sich seiner an und man sah die beiden häufig Hand in Hand im ganzen Palast umherspazieren. Der Junge, der viele Wesenszüge seines Vater widerspiegelte, bezauberte alle, denen er begegnete.

Zwei Jahre nach Tamars Vergewaltigung erreichte den Palast die Kunde von einem Unheil. Davids Söhne – und zwar alle – waren in der Stadt Baal-Hazor etwa fünfzehn Kilometer nordwestlich Jerusalems. Absalom hatte sich dort eine Schafzucht aufgebaut und alle Brüder zur Feier der Schafschur eingeladen.

Batseba stand im Thronsaal zwischen den Höflingen, als ein Bote eintraf. „Sie sind tot!“, schrie der junge Mann, der ohne Anmeldung hereingeplatzt kam.

„Wer ist tot?“, wollte David wissen.

„Eure Söhne, Herr. Absalom hat sie umgebracht!“

„Was?“ David sprang auf die Füße. „Was sagst du da?“

„Es stimmt, mein König. Ich habe es gesehen. Sie feierten die Schafschur. Auf einmal kreisten Prinz Absaloms Männer sie ein und beschossen sie mit Pfeilen. Alle sind tot!“

„Nein, nein, das kann nicht sein!“

Doch dann sank David auf die Knie und zerriss sein Gewand. Seit Nathans Weissagung hatte er immer damit gerechnet, dass in seiner Familie ein schlimmes Unglück geschehen könnte.

Batseba brach in Tränen aus. Alle Söhne Davids! Zu der Zeit hatte David siebenundzwanzig Söhne von seinen Ehefrauen oder Konkubinen. Dazu gehörte auch Daniel, Königin Abigails Sohn, aber glücklicherweise nicht Salomo. Der Dreijährige war noch zu jung für die Feier gewesen und im Palast geblieben.

Alles wegen Amnon! Der Kronprinz, den Absalom hasste!

Zwei Jahre lang hatte dieser Hass geschwelt – und sich nun offenbar in Zorn entladen. Aber wie konnte er so etwas tun? Alle seine Brüder töten!

„Mein Herr und König!“ Eine kräftige Stimme übertönte die trauernde und klagende Menge im Thronsaal. Ein Berater Davids, der immer einen kühlen Kopf bewahrte, meldete sich zu Wort.

„Das kann nicht sein, mein Herr und König. Absalom würde sie nicht alle töten. Amnon, mag sein. Jeder weiß, wie er zu dem Kronprinzen stand. Aber nicht alle Brüder! Überprüft diesen Bericht erst, mein König, bevor Ihr trauert.“

In diesem Augenblick kam ein weiterer Bote angerannt, einer der Wächter vom Jerusalemer Nordtor. „Mein Herr und König! Ich habe eine Staubwolke gesehen ... Mehrere Reiter kommen von Norden her auf die Stadt zu.“

Der König und seine Höflinge eilten zum Nordwesttor der Stadt. Batseba stieg aufs Palastdach. In der Ferne sah sie eine Menschengruppe näher kommen – aber bei den Reitern auf Lasttieren handelte es sich auf keinen Fall um Soldaten! Das sah sie auf den ersten Blick. Einige waren noch sehr jung, fast Kinder.

Plötzlich wusste Batseba, wer kam: Davids Söhne. Der Bericht stimmte also nicht! Aber offenbar war doch etwas Schreckliches passiert.

Später erzählte ihr Daniel selbst die Geschichte. „Wir waren bei der Schafschurfeier“, berichtete er. „Da befahl Absalom seinen Männern, Amnon zu töten! Das haben sie getan. Sie haben ihn mit Pfeilen beschossen. Ach, es war grauenvoll!“

Batseba tröstete den jungen Mann, so gut sie es konnte, aber schließlich brachte der kleine Salomo Daniels Tränen zum Versiegen. „Dani, nicht weinen“, jammerte er.

Batseba konnte selbst ihre Tränen kaum zurückhalten. *So fängt es also an*, dachte sie verzweifelt. *Nathans Weissagung. Und wo soll das alles enden?*

9

Absalom blieb verschwunden. Die Angst vor dem Zorn seines Vaters hatte ihn ins Exil getrieben. In Jerusalem hörte man, er habe Zuflucht im Land Geschur jenseits des Jordans gefunden. Seine Mutter, Prinzessin Maacha, stammte von dort. Der alte König Talmai lebte noch und bot seinem Enkel bereitwillig Asyl an.

David hatte Sehnsucht nach seinem stattlichen Sohn. Das gab er zwar nicht offen zu, aber wenn er nach einem anstrengenden Tag zu Batseba kam, erzählte er ihr von seiner Liebe zu seinem Sohn.

„Absalom ist immer noch mein Sohn“, sagte er. „Mein geliebter Sohn. Er hat nichts von mir zu befürchten. Wenn er doch nur heim käme, würde ich ihm vergeben, und alles wäre wieder wie früher.“

Doch Absalom kam nicht heim.

Eines Abends erzählte David: „Joab möchte, dass ich eine Nachricht nach Geschur sende und Absalom nach Hause hole.“

„Joab?“ Batseba runzelte die Stirn. „Warum will er das?“

David zuckte die Achseln. „Wer weiß das bei Joab schon.“

„Trau ihm nicht.“

„Das sagen sie mir alle. Aber Joab war mir gegenüber immer zuverlässig. Manchmal geht er eigenwillige Wege, aber immer ist es zu meinen Gunsten. Ich bin mir sicher, er würde nicht desertieren und zu Absalom überlaufen.“

Batseba schauderte. Trotz seiner Weisheit war ihr Mann manchmal so naiv. Sie sah ihn an. Graue Strähnen zogen sich durch Haar und Bart. Jahre und Pflichten hatten tiefe Falten in sein Gesicht gegraben. Und doch hatte er sich ein hohes Maß an Spannkraft und Energie bewahrt. Sein Kopf steckte voller neuer Ideen – Projekte, Verbesserungsvorschläge für sein Königreich. Jetzt, mit Anfang fünfzig, verlieh ihm die Lebenserfahrung eine Würde, die er in seiner Jugend nicht gehabt hatte.

Batseba musste an Absalom denken, der jetzt Anfang dreißig war. Ein außergewöhnlich gut aussehender junger Mann. Er hatte dasselbe helle Haar, die stechenden Augen, das königliche

Auftreten, die glatte Gesichtshaut, die David in seiner Jugend ausgezeichnet hatten. Alle liebten diesen Mann, von dem man glaubte, dass er die Thronfolge antreten werde. Nur wenige bedauerten Amnons Tod.

„Warum holst du ihn nicht zurück?“, fragte Batseba.

David zupfte an seinem Kinn. „Ich will nicht, dass man glaubt, ich würde seinen Mord an Amnon gutheißen.“

Batseba nickte. David hatte immer daran festgehalten, dass niemand den Gesalbten Gottes anrühren durfte – oder irgendeinen anderen aus der Königsfamilie. Königsmörder. Es wäre ein Verbrechen gegen Jahwe. David hatte diesen Grundsatz vehement vertreten, selbst als sein Feind noch König Saul war.

Batseba seufzte. „Du wirst deinem Sohn nichts antun, stimmt's? Nicht nur, weil er zur Königsfamilie gehört, die du immer geschützt hast, sondern auch, weil du an ihm hängst. Warum holst du ihn dann nicht zurück?“

„Wenn ich das tue, wird er mir hier in Jerusalem Schwierigkeiten bereiten. Allerdings wird es auch Schwierigkeiten geben, wenn ich es nicht tue. Wie ich gehört habe, sammelt er in Geschur bereits ein Heer um sich.“

„Glaubst du, er wird Jerusalem angreifen?“

David zuckte die Achseln. „Nur wenn er stark genug ist. Und das ist er nicht – noch nicht.“

„Wenn du ihn zurückholst, kannst du ihn zumindest im Auge behalten.“

David nickte. „Daran habe ich auch schon gedacht. Aber trotz alledem will ich nicht den Eindruck erwecken, dass ich einen Mord gutheiße.“

„Warum holst du ihn dann nicht nach Jerusalem, verweigerst ihm aber die Privilegien des Palastes? Stell ihn doch in seinem Haus unter Hausarrest.“

David zupfte weiter an seinem Kinn. „Ja, das wäre möglich. Aber dann könnte ich ihn trotzdem nicht sehen und mit ihm reden, so wie früher. Er wäre so weit weg, als wäre er in Geschur.“

Dank der Überredungskünste von Joab und seinen anderen Beratern beschloss David endlich doch, Absalom zur Rückkehr zu bewegen. Joab selbst ging nach Geschur, um ihn nach Hause zu geleiten.

Absaloms Heimkehr nach Jerusalem überraschte alle. Er kam von Nordosten in die Stadt, über den Kidron-Bach, an der Gihonquelle vorbei, durch das Wassertor. Es war wie die Rückkehr eines Heeres nach einem erfolgreichen Feldzug.

Fünfzig bewaffnete junge Männer führten den Zug an. Sie trabten in Formation mit gezücktem Schwert vorneweg. Dann kam Absalom in seinem prachtvollen Streitwagen, gezogen von vier kraftvollen schwarzen Rössern mit silbernen Federbüschen auf dem Kopf. Hinter ihm ritt sein Gefolge auf Maultieren, die munter ausschritten, um mithalten zu können. Doch den furchteinflößendsten Anblick bot Absalom selbst.

Batseba schaute vom Palastdach zu, wie er sich einen Weg zu seinem Haus bahnte. Er war groß – größer noch als sein Vater. Um seine breiten Schultern trug er einen roten Umhang; der Brustschild glänzte in der Sonne. Der Helm war zwar nur Zierde und in der Schlacht nicht von Nutzen, doch er ragte hoch und glänzend von seinem Kopf auf, wobei der rote Federbusch im Wind flatterte.

Und sein Haar! Der Bart war kurz geschoren, aber die Haare hatte er wachsen lassen. Dichte braune Locken flossen unter dem Helm hervor und schimmerten in der Sonne.

Er winkte den Menschen auf der Straße zu, lächelte, grüßte alte Bekannte und wurde mit Jubelrufen willkommen geheißen.

Während sie zuschaute, durchzuckte Batseba plötzlich ein Gedanke. Viele Jahre zuvor – so hatte sie gehört – sei der junge David bei der Rückkehr von einer Schlacht ebenso begeistert begrüßt worden. Die Menschen hatten damals ein Lied auf den Lippen: „Saul hat Tausende erschlagen, doch David Zehntausende." Das hatte Sauls Eifersucht geweckt und eine Rebellion entfacht, die schließlich zu Davids Thronbesteigung geführt hatte. Würde es mit Absalom genauso enden?

David hielt sein Versprechen, Absalom den Zutritt zum Palast zu verwehren. Der beliebte Prinz blieb in seinem Haus, machte aber fast jeden Tag mit seinem Streitwagen einen Umzug durch Jerusalem und wurde stets mit Jubelrufen begrüßt.

Hefzibah hatte sich, wie fast alle Mädchen in Jerusalem, hoffnungslos in Absalom verliebt. „Ach, er ist so wundervoll!", gurrte sie. „So hübsch! So schön, wenn er lächelt! Und sein Haar!

Wie gerne würde ich ihm mit den Fingern durch die Locken fahren!"

Waren alle Diener im Palast so albern und kindisch wie Hefzibah? Selbst Salomo lachte sie aus. Mit seinen zwölf Jahren legte er mehr Reife an den Tag als die viel ältere Hefzibah.

„Hast du keine Angst, du verirrst dich in seiner Mähne?", fragte er, und in seinen Augen blitzte es schelmisch. „Oder die Finger bleiben stecken und du musst sie für den Rest deines Leben da drin lassen."

„Mmmmmh", entgegnete sie und verdrehte die Augen. „Wisst ihr übrigens, dass er sein Haar nur einmal im Jahr schneiden lässt? Und dann wiegen die abgeschnittenen Haare über anderthalb Kilo!"

Der junge Salomo lachte laut auf, und Batseba stimmte ein – sehr zu Hefzibahs Verdruss.

„Pah, du bist eifersüchtig, das ist alles." Sie stürmte davon.

Ihre Verliebtheit in den anmutigen Prinzen spiegelte die Haltung vieler Menschen in Jerusalem wider. Andere wiederum, wie Batseba und Salomo, blieben objektiv, wenn sie von Absalom sprachen.

Fast jeden Tag ging Absalom zum Wassertor, wo er seinen großartigen Einzug gehalten hatte. Er ließ sich genau hinter dem Tor nieder, an der Gihonquelle, wo viele Menschen ihre Wasserkrüge auffüllten. Bald machte er sich als inoffizieller Richter Israels einen Namen.

Den Gerüchten zufolge, die an Batsebas Ohr drangen, fing Absalom viele Bittsteller ab, die durch das Wassertor strömten, um David ihre Anliegen vorzutragen. Dort hörte er zu und richtete über Fälle, die eigentlich für die Ohren des Königs bestimmt waren.

Der junge Salomo saß häufig in Begleitung seines Halbbruders Daniel in der Menge der Zuschauer am Tor, während Absalom Gericht hielt. Fast täglich erstattete er seiner Mutter Bericht.

„Sieht denn niemand, was er da tut?", ereiferte sich Salomo. „Er grüßt das Volk, als wäre er sein bester Freund. Er hört die Fälle an, dann lässt er ein paar Schmeicheleien los. Er schert sich kein bisschen um Gerechtigkeit. Seine Entscheidungen gründen sich auf das, was die einflussreicheren Israeliten hören wollen."

„Warum tut er das bloß?“, fragte Batseba. Seit dem zwölften Geburtstag ihres Sohnes behandelte sie ihn wie einen Erwachsenen und respektierte seine Reife.

„Er führt etwas im Schilde.“ In Salomos jungenhaftem Gesicht spiegelte sich Sorge wider. „Bei allem, was er tut, versucht er sich beliebt zu machen. Als wollte er versuchen, alle auf seine Seite zu ziehen.“ Er nickte nachdenklich. „Es wird noch Ärger geben. Ich sehe es kommen.“

„Du irrst dich, mein Sohn. Schließlich ist er der älteste Sohn des Königs. Er braucht überhaupt keinen Aufstand anzuzetteln – er glaubt, dass er ohnehin eines Tages König sein wird.“

„Kann sein.“ Salomo schüttelte langsam den Kopf. „Aber ich habe gehört, dass er in Israel eine Armee aufstellt. Er hat ein paar Männer da draußen, die die Leute rekrutieren, solange Absalom in Jerusalem festsitzt. Warum unternimmt Vater denn nichts?“

„Hast du schon mit ihm darüber gesprochen?“

„Oh ja! Aber er tätschelt mir nur den Kopf und sagt, wie schön es ist, dass ich mich für die Belange des Königreichs interessiere. Er glaubt immer noch, ich bin ein kleiner Junge.“

Davids Irrtum war verständlich. Wenn Batseba ihren Sohn anschaute, sah auch sie einen kleinen Jungen. Er hatte nicht die derbe Schönheit seines Vaters, sondern trug die feinen Züge der Mutter.

Mit zwölf Jahren war David bereits die Verantwortung übertragen worden, alleine auf dem Feld Schafe zu hüten. Etwa zwei Jahre später war er von dem Propheten Samuel gesalbt worden. Mit Zwölf war Salomo noch ein Schüler, der von den Priestern das Gesetz des Mose lernte. Jeden Tag beobachtete er das Geschehen bei Hofe und hörte Davids Entscheidungen und Rechtsprechungen zu. Aber ihm wurde keine Verantwortung übertragen; man hielt ihn noch für zu jung.

Das war ein Fehler, ging es Batseba durch den Kopf. Dieser Junge war nur jung an Jahren und im Aussehen. In seinem Denken war er so reif wie viele von Davids Beratern. In nur wenigen Jahren wäre er fähig, den alternden Ahitofel als Hauptberater des Königs abzulösen.

Dann durchzuckte Batseba ein anderer Gedanke. *Könnte es sein, dass Salomo selbst König wurde – wie der Prophet Nathan angedeutet hatte?*

Sie schauderte. Seit Salomos Geburt war Batseba vor dem Gedanken zurückgeschreckt, dass ihr Sohn einmal König werden könnte. Zu sehr wurden alle von Unheil verfolgt, die die Hand nach dem Thron ausstreckten. Ihr Mann hatte gewusst, was an Problemen auf ihn zu kam, und für Absalom fing der Ärger erst an. David hatte viele Söhne; wollten sie alle König werden?

Nur Daniel wurde vor der Last des Ehrgeizes verschont. Dieser Unfall war eine gütige Vorsehung gewesen. Er hatte ihn unfähig gemacht, König zu werden ... Würde er jemals begreifen, wie glücklich er sich schätzen konnte?

Und Salomo. Der jüngste Sohn Davids. So weise, so befähigt, ein Königreich zu regieren. Batseba seufzte. Wenn Jahwe ihn dazu bestimmt hatte, König über Israel zu werden, dann würde sie es durch nichts verhindern können.

10

Eines Tages bat Absalom David um Erlaubnis, Jerusalem verlassen zu dürfen.

Batseba erfuhr davon durch Salomo, der bei Gericht gewesen war, als Joab dem König die Bitte vortrug. „Joab sagte, Absalom wolle nach Hebron, um ein Gelübde gegenüber Jahwe zu erfüllen. Dort an seinem Geburtsort will er ein Opfer darbringen."

„Und was stimmt daran nicht?", fragte Batseba.

Der Junge zuckte die Achseln. „Weiß ich nicht. Noch nicht. Aber er hat etwas vor. Ich weiß es einfach."

„Und David hat ihn ziehen lassen?"

„Ja." Seine Stimme klang gereizt. „Auf Anraten des großen und weisen Ahitofel."

Salomo hatte seinen Urgroßvater nie gemocht und schon mehrmals die Entscheidungen von Davids berühmtem Ratgeber in Zweifel gezogen. Aber niemand hörte auf einen Vierzehnjährigen, wenn er nicht derselben Meinung war wie ein grauhaariger erfahrener Weiser.

Frühmorgens verfolgte Batseba vom Dach des Palastes aus, wie Absalom aus der Stadt zog – umgeben von dem üblichen Pomp. Eine Leibwache von fünfzig jungen Männern gingen zu Fuß dem Streitwagen voraus. Absaloms Lockenpracht wallte über seine Schultern. Sie zogen durch das Südtor hinaus, durchquerten das Hinnomtal und verschwanden im judäischen Hügelland.

Bald machten sich in Jerusalem Gerüchte breit. David hatte sich ein Netz von Spähern aufgebaut, die täglich Bericht gaben – und so konnte es nicht lange geheim bleiben: Eine Rebellion war im Gange.

Während Absalom, von seinem Vater entfremdet, in Jerusalem gelebt hatte, war er nicht untätig geblieben. Seine Agenten waren durch Israel gezogen, hatten Anhänger um sich geschart und Truppen rekrutiert. Jetzt besaß er ein Heer und hatte offenbar vor, gegen Jerusalem zu ziehen.

David rief ein Treffen mit seinen Ratgebern ein, um über die missliche Lage zu beraten. Salomo war auch dabei, und von ihm erfuhr Batseba, was passiert war.

Viele waren über Absaloms Auflehnung nicht überrascht. Wie Salomo hatten sie es kommen sehen. Davids Spione hatten nun den Beweis dafür erbracht, dass der Prinz während seiner Wartezeit in Jerusalem nicht die Hände in den Schoß gelegt, sondern die Rebellion aktiv vorangetrieben hatte.

„Wir müssen fliehen", sagte David.

Seine ergebenen Anhänger waren anderer Meinung. Sie wollten kämpfen. Jerusalem war eine Festung, und Davids kampferprobtes Heer war Absaloms ungeschliffenen Rekruten weit überlegen. Doch David hielt eisern an seiner Entscheidung fest, die Stadt zu verlassen und ins Exil zu gehen. Salomo stimmte dem zu. Jetzt Blutvergießen vermeiden, überlegte er, und später vielleicht einen Kompromiss aushandeln.

Ahitofel, der weise alte Ratgeber, war übergelaufen. Kurz nachdem Absalom die Stadt verlassen hatte, bat er um Heimaturlaub in Gilo. Er war nie zurückgekehrt. In Jerusalem hörte man, dass er jetzt Absaloms erster Berater sei.

Erstaunlicherweise gab es beim Auszug aus Jerusalem kein großes Durcheinander. Laut Plan wollten sie die Stadt durch das

Wassertor verlassen, den Kidron überqueren und auf dem Weg nach Osten den Ölberg hinaufsteigen. David stand an der Gihonquelle, um einen Überblick über seine Anhänger zu bekommen. Batseba und Salomo standen dabei.

Alle Palastbewohner gingen mit ihm ins Exil, mit Ausnahme von zehn Konkubinen, die zurückgelassen wurden, um den Palast in Ordnung zu halten. Sie waren die Töchter einiger mächtiger Stammesführer Israels. Ihre Väter hatten sich Absalom und seiner Revolte angeschlossen – daher würden sie nicht zu Schaden kommen, wenn Absalom in die Stadt einmarschierte.

Die meisten engen Freunde und Ratgeber Davids sowie ihre Familien begleiteten den König ins Exil. Auch alle seine Soldaten verhielten sich loyal.

David hatte Jerusalem inzwischen fast zwanzig Jahre lang regiert. Um ihn herum war eine neue Generation von Soldaten nachgewachsen. Etliche der engsten Berater und Mächtigen waren nicht mehr da, obwohl viele Veteranen dieser Eliteeinheiten übrig geblieben waren. Eine ganze Menge Söldner waren in den Dienst des Königs getreten, und David grüßte sie im Vorbeiziehen.

„Ittai, mein Freund", rief David, als eine Truppe von sechshundert Gatiter-Söldnern näher kam. „Warum bist du hier?"

Das jugendliche Gesicht des bärtigen Philisters lachte. „Ich werde mit meinem Herrscher kämpfen!"

„Das brauchst du aber nicht. Du kannst in die Stadt zurückgehen. Es kommt mir vor wie gestern, dass du in mein Heer gekommen bist. Du kannst dem neuen König deine Dienste anbieten. Er wird froh sein, dich zu haben."

„Nein, mein Herr und König. Ihr seid mein Herrscher, nicht Absalom. Ich schwöre bei Jahwe, dass ich Euch in den Tod folgen werde!"

Der Name Jahwe aus dem Munde dieses jungen Mannes war keine Gotteslästerung. Er hatte den Glauben der Israeliten angenommen.

Ittai und seine jungen Gatiter waren nicht die Einzigen, die David ins Exil folgten. Eine Truppe nach der anderen marschierte vorbei und salutierte dem König im Vorüberziehen. Auch viele Frauen und Kinder begleiteten den Zug.

Davids Stirn legte sich in Falten, besorgt sah er auf die vielen

Menschen. Wie würde er sich je um eine solch große Menge kümmern können? Sie jeden Tag mit Nahrung zu versorgen, wäre ein riesiges Unterfangen. Aus Sicherheitsgründen mussten sie den Jordan überqueren und sich in den Bergen niederlassen. Aber keine Stadt jenseits des Jordans würde sie über längere Zeit aufnehmen können. Wie sein Vorfahre Mose musste David lernen, in der Wüste zu überleben.

Eine kleine Gruppe hatte sich um David versammelt. Batseba bemerkte die Priester und mehrere Propheten, darunter auch Nathan. Davids Frauen und Kinder waren bei den Ersten gewesen. Nur Batseba und Salomo waren bei David an der Gihonquelle geblieben. Der Geschichtsschreiber des Königs war dabei und machte Aufzeichnungen. Vielleicht würden diese Details eines Tages offiziell in der Chronik des Königs aufgeführt – wenn sie überlebten. Aber natürlich würden sie überleben. Darum hielt der Geschichtsschreiber ja diese Begebenheiten fest. Zumindest er glaubte daran, dass sie noch immer in Jahwes Obhut waren.

Die beiden Priester Abjatar und Zadok standen ganz in der Nähe; sie hatten die heilige Bundeslade dabei. Wo immer David hinging, die Lade würde mit ihnen gehen. Das würde die Menschen überzeugen, denn sie war ein sichtbares Zeugnis für die Anwesenheit Gottes, der immer da war und sein Volk führte. Und wenn es zur Schlacht kam, würde die Lade wie immer den Weg weisen.

Nachdem die lange Prozession vorbeigezogen war und schon den Ölberg hinaufstieg, wandte David sich an die Priester. „Zadok, Abjatar. Ihr seid schon seit vielen Jahren treue Freunde. Ihr habt mich nie im Stich gelassen. Jetzt werde ich euch um einen weiteren Gefallen bitten."

„Bittet, mein König", erwiderte Zadok. Er verneigte sich ehrerbietig, sein grauer Bart reichte ihm fast bis an die Hüfte.

„Wir werden immer gehorchen", sagte Abjatar.

David hielt kurz inne, zupfte mit Daumen und Zeigefinger an seinem Kinn und fuhr fort: „Kehrt nach Jerusalem zurück. Nehmt gerade genug Priester mit, um die Bundeslade zu tragen. Und eure Familien. Vor allem eure Söhne Ahimaaz und Jonatan."

Die beiden Priester starrten ihn an. Einen Moment lang waren sie sprachlos. Der Befehl des Königs kam überraschend.

„Ich habe folgenden Plan“, erklärte der König. „Ich werde am Jordanufer lagern, zumindest vorerst. Dort werde ich auf Nachricht von euch warten, was in Jerusalem vor sich geht. Das muss ich wissen, bevor ich in die Wüste gehe.“

Die beiden Priester nahmen Davids Worte schweigend auf. Batseba konnte an ihren Gesichtern ablesen, dass ihnen dämmerte, was er vorhatte. Sie sollten Davids Spione in Jerusalem sein. Und ihre jungen Söhne wären ihre Botschafter.

Sie verneigten sich ehrerbietig. Dann ertönte der Schofar. Die Priester nahmen die heilige Lade und gingen durch das Wassertor in die Stadt hinein.

Ihr Weggang schien unter den Menschen eine Lücke zu hinterlassen. *Wird Jahwe trotzdem mit uns gehen*, fragte Batseba sich. *Wird David auch in Zukunft von Gott gesegnet sein? Oder wird sein Segen nun bei Absalom in Jerusalem bleiben?* War die Lade nur ein äußerliches Zeichen für Gottes Gegenwart? Oder war er in der Lade gegenwärtig?

Sie zuckte die Achseln. Darüber sollten die Theologen debattieren.

Als Nächstes wandte sich David nach Osten, auf den Pfad zum Ölberg. Der Anstieg war steil, und David hatte beschlossen, barfuß zu gehen. Batseba verstand das. Der weise König zeigte seinem Volk seinen Kummer. Er hatte sie ins Leiden geführt. Seine Schuld und Schande lasteten schwer auf ihm.

Als er fast oben angelangt war, wurde er langsamer. Er wirkte müde und atmete schwer. Doch er nahm erst Hilfe an, als der junge Salomo neben ihm herging. Davids Hand lag auf der Schulter des Jungen. Dadurch schien er Halt zu finden, die Schritte fielen ihm leichter. Batseba runzelte die Stirn. War das, für alle erkennbar, von symbolischer Bedeutung?

Mit Salomos Hilfe erreichte er schließlich den Gipfel. David – und wie es schien alle anderen – atmete erleichtert auf. Salomo führte ihn zu einem Steinhaufen, den Überresten eines alten Altars, und David setzte sich schwer atmend hin.

Niemand sagte etwas. Das Seufzen des Windes auf der Bergspitze war das einzige Geräusch. Wer hinter sich blickte, sah eine reglose Stadt, die auf den neuen Herrscher wartete. Wer nach vorn blickte, sah eine lange Reihe von Flüchtlingen, die auf den Jordan und die Wüste zugingen.

David saß zusammengekauert auf einem Stein. Salomo stand neben ihm und hatte die Hand auf die Schulter des Vaters gelegt.

Alle warten! Jedenfalls kam es Batseba so vor. *Warten worauf?*

Die Szene wurde von einem Mann unterbrochen, der sich einen Weg durch die Menge bahnte. Ein alter Mann. Ein Mann in Trauer, denn seine Kleider waren zerrissen und sein Kopf von Staub bedeckt.

Batseba hatte ihn früher schon einmal an Davids Hof gesehen. Da erinnerte sie sich. Es war Huschai, aus der Familie der Arkiter vom Stamm Benjamin. Von Zeit zu Zeit war er ein Ratgeber Davids gewesen.

Huschai war, genau wie Ahitofel, einer der weisesten Männer im Königreich. Er und David, so hieß es, kannten sich schon seit Jahren, sie hatten beide einmal im Dienst von König Saul gestanden. David war Krieger geworden und Huschai ein Ratgeber des Königs. Obwohl Saul zu oft seinen weisen Rat missachtet hatte, blieb Huschai seinem Herrscher treu verbunden, solange Saul lebte. Als David König über Israel geworden war, nahm er Huschai in seine Dienste und verwendete sich für ihn als Berater. Zögernd hatte Huschai zugestimmt. Nun war er wieder zu David gekommen – mit einem Hilfsangebot.

„Lasst mich mit Euch ziehen, mein Herr und Gebieter", bat er. „Ich werde Euch immer treu dienen."

David hob schwerfällig den Kopf und starrte den alten Mann an. Er schüttelte den Kopf. „Nein, mein Freund. Wenn du mit mir ziehst, wirst du mir nur eine Last sein."

„Aber Ihr seid mein König. Ich werde Euch folgen, bis ich sterbe."

Wieder schüttelte David den Kopf. „Du dienst mir am besten, wenn du nach Jerusalem zurückkehrst und Absalom deinen Rat anbietest. Sag ihm: ‚Ich werde dich beraten, wie ich deinen Vater beraten habe.'"

„Er wird mich nicht anerkennen, Herr. Er hat doch Ahitofel."

„Er *wird* dich anerkennen. Denn ich habe gerade Jahwe gebeten, dass Ahitofels Rat durchkreuzt wird, als du kamst. Ich glaube, du bist die Antwort auf mein Gebet."

Huschai blickte zu Boden. „Ihr seid weise, mein König. Und Jahwe ist gewiss mit Euch. Ich werde tun, was Ihr sagt."

David senkte die Stimme. „Du kannst am Hofe des Königs Augen und Ohren für mich offen halten. Wenn du von Absaloms Plänen erfährst, sag es den Priestern Zadok und Abjatar. Sie sind vertrauenswürdig. Ihre Söhne Ahimaaz und Jonatan wissen, wie sie mir eine Nachricht zukommen lassen können."

Huschais Körper straffte sich. Er reckte das Kinn hoch und schien seine Lebensjahre von sich abzuschütteln. „So soll es geschehen, mein König. Jahwe sei mit Euch."

„Und auch mit dir, mein Freund."

Die Menge um David teilte sich, als Huschai bergab Richtung Jerusalem wanderte. Batseba fragte sich, ob er damit in den Tod ginge. Wie konnte selbst der weise Huschai es mit ihrem verschlagenen Großvater aufnehmen? Dann lächelte sie. Ahitofel hatte in ihm einen Ebenbürtigen gefunden, denn er musste seine Kräfte jetzt nicht nur mit Huschai messen – sondern auch mit Jahwe.

Die Zukunft sah plötzlich etwas heller aus.

11

David blieb nicht lange auf dem Ölberg.

„Wenn Absalom auch nur etwas Verstand hat", murmelte er, „wird er uns unverzüglich verfolgen und angreifen, bevor wir uns organisieren können. Wir müssen deshalb sehen, dass wir so bald wie möglich über den Jordan kommen."

Er schickte eine Nachricht zu den Kolonnenführern, den Höhenweg durch die Wüste zu nehmen, um die Furten des Jordans zu erreichen. Die Reise auf dem holprigen Pfad würde zwar anstrengend werden, aber dies war die kürzere Strecke – und Zeit spielte eine entscheidende Rolle.

Jemand hatte einen Esel für David aufgetrieben. Er saß stolz aufgerichtet auf dem Rücken des Tieres, aber jeder konnte ihm die Erschöpfung anmerken. *Er ist alt geworden,* dachte Batseba. *Viel zu alt für ein solches Vorhaben.*

David war nur wenige Jahre älter als Batseba, aber sie fühlte sich nicht annähernd so erschöpft. Ihr Blick schweifte zu Davids Männern, von denen viele in Davids Alter waren. Joab und sein Bruder Abischai zum Beispiel. Die waren hager und muskulös. Wenn sie die Berge hinauf preschten, schienen sie mit jedem Schritt stärker zu werden. Aber schließlich hatten sie die letzten zwanzig Jahre auf dem Schlachtfeld verbracht, hatten Kämpfe ausgefochten und waren in ganz Israel umhergezogen. Sie waren gut trainiert. David dagegen hatte sich an das bequeme Leben im Palast gewöhnt. Doch das war es nicht allein. David trug die Last der Staatsgeschäfte und der Sorge um seine Familie. Das ließ einen Menschen schneller altern.

Als sie sich dem Dorf Bahurim näherten, tauchte ein Mann auf einem Hügel auf. Seine dröhnende Stimme drang bis zu ihnen hinunter.

„Weg mit dir, du Mörder! Du Hund! Du hast den wahren König Saul getötet, und jetzt zahlt Gott es dir heim! Siehst du, dein eigener Sohn hat das Königreich übernommen, und du hast gar nichts! Nichts! Weil nämlich das Blut von König Saul an deinen Händen klebt ... Du Mörder!" Er nahm einen Stein und schleuderte ihn nach David.

Es war ein weiter Wurf, doch glücklicherweise gingen Joab und Abischai dicht neben David her. Abischai hob den Schild und wehrte den Stein ab, bevor er seinen König treffen konnte.

„Wer ist das?", fragte David.

Joab schaute mit zusammengekniffenen Augen über das Tal zu dem Mann hinüber.

„Ich glaube, es ist Schimi ben Gera, ein Benjaminiter, der vor vielen Jahren in Sauls Heer diente."

Joabs Bruder Abischai grunzte: „Dieser Hund ist schon so gut wie tot. Lass mich rüber, damit ich ihm den Kopf abschlage!"

„Nein." David schüttelte den Kopf. „Es ist Jahwes Wille. Er hat mir diesen Benjaminiter geschickt, um mich zu verfluchen. Ich werde sein Fluchen aushalten, und vielleicht wird Jahwe meinen Kummer sehen und sich erbarmen."

Joab und Abischai schüttelten vor Bestürzung den Kopf. Sie würden ihren rätselhaften König niemals verstehen. Doch Batseba glaubte, dass sie verstand, was er meinte. David war sich immer noch seiner Schuld bewusst – ihr gemeinsames Leben war von Leid überschattet, so hatte Nathan es vorausgesagt.

Sie selbst teilte seine Schuldgefühle nicht mehr. In den Gesprächen mit Nathan war ihr klar geworden, dass Jahwe kein grausamer, strafender Gott war, sondern ein vergebender Vater. Doch David hatte sich offenbar das Bild eines züchtigenden Gottes eingeprägt, der ihn und das Königreich für seine Sünde strafte.

Derselbe Gott. Von dem einen mit Angst und Schuldgefühlen betrachtet, von dem anderen mit Liebe. *Seltsam,* ging es Batseba durch den Sinn. *Ist denn Gott für jeden anders?* Wieder etwas, das sie nicht verstand.

Sie durchquerten Bahurim, und bald lag vor ihren Augen die Jordanebene. Am Fuße des Bergpasses, wo der holprige Pfad mündete, sahen sie den militärischen Stützpunkt und den Kornspeicher, die David selbst auf einem seiner Feldzüge zur Festigung seines Reiches angelegt hatte. Sie erkannten sogar die zerfallenen Überreste der alten Stadt Jericho, die Josua vor über zweihundert Jahren dem Erdboden gleichgemacht hatte.

In dieser Nacht schlugen sie ihr Lager an den Quellen von Jericho auf. Sie waren eine große Truppe von Flüchtlingen – Soldaten, Frauen, Kinder. Weit mehr, als es hätten sein sollen, dachte Batseba, für das, was noch vor ihnen lag. Wo würden sie Nahrung finden? Die militärische Kornkammer würde eine Zeit lang reichen, aber nur für wenige Tage. Und dann?

Batseba zuckte die Achseln. Jahwe würde sich etwas einfallen lassen. Sie musste lächeln. Das war genau das, was David auch gesagt hätte. Und jetzt sagte sie es. Noch vor wenigen Jahren hätte sie ein solches Vertrauen, dass Gott sich auch ihrer Grundbedürfnisse annimmt, verächtlich abgetan.

Wie hatte sie sich verändert! Lag es an ihrer Reife, dass sie viele Dinge jetzt aus der Erfahrung heraus anders beurteilte? Oder war der Gott, der für Nathan und David eine feste Größe im Leben war, nun auch für sie greifbar? Wie war sie zu diesem Glauben gekommen? Sie schüttelte den Kopf. Wieder einmal beschloss sie, solche grundlegenden Fragen den Fachleuten zu überlassen; sie würde einfach jeden Tag im Glauben leben.

Am Morgen berief David ein Treffen seiner engsten Freunde

und Berater ein, um die nächsten Schritte zu planen. Batseba nahm nicht daran teil – das war reine Männersache. Später erfuhr sie von Salomo, was geschehen war.

Alle waren sich einig, dass sie in akuter Gefahr schwebten. Absaloms Heer konnte sie jederzeit zum Kämpfen zwingen. Joab und Abischai wollten bleiben und sich ihnen entgegenstellen, aber David sagte Nein. Er war nicht bereit, seine Leute in einem Bürgerkriegsgemetzel zu opfern.

„Lasst uns abwarten, was Jahwe tun wird“, sagte er. „Wenn nötig, werden wir kämpfen, aber wenn wir warten, müssen wir es vielleicht gar nicht.“

Die Krieger unter ihnen schüttelten den Kopf und murrten, doch Salomo pflichtete der Weisheit seines Vaters bei.

„Krieg sollte immer nur das allerletzte Mittel sein“, erklärte er seiner Mutter. „Wer sofort kämpfen will, ist bloß nicht klug genug, um nach einem anderen Ausweg zu suchen.“

Salomo würde ein weiser König sein … dachte Batseba stolz, verwarf aber diesen Gedanken sofort wieder. Das Letzte, was sie sich für ihren Sohn wünschte, war wohl, dass er König würde. Zu viele Brüder waren noch vor ihm an der Reihe. Um König zu werden, müsste er sie alle beseitigen – und das hieße Blutvergießen. Jahwe würde bestimmt nicht wohlwollend auf einen König schauen, der über die Leichen seiner Brüder ging, um den Thron zu besteigen.

Am späten Nachmittag kamen Ahimaaz und Jonatan, die Söhne der Priester Zadok und Abjatar, an. Sie waren noch keine zwanzig, und ihr kurzer Bart bedeckte nur spärlich ihr Gesicht. Sie sprudelten vor Aufregung über ihre neuesten Abenteuer. Sofort berief David eine Konferenz seiner Berater ein.

Batseba zitterte vor Spannung. Jeder wusste: Diese jungen Männer brachten Neuigkeiten aus Jerusalem mit, die ihre Zukunft bestimmen würden.

Die Konferenz dauerte nicht lange. Als sie sich kurz vor Sonnenuntergang auflöste, verbreitete sich die Nachricht wie ein Lauffeuer: *„Wir brechen auf. Noch heute!“*

Im Lager kursierten Spekulationen, während man hastig alles zusammenpackte. Glücklicherweise war der Wasserstand des Jordans jetzt in der Trockenzeit niedrig, und man durchquerte problemlos des seichten Fluss. Schnell wurde bekannt: „Wir ziehen nach Mahanajim!“

Salomo, der bei der Konferenz dabei gewesen war, gab an Batseba weiter, was geschehen war. „Ahimaaz und Jonatan hatten große Mühe, uns die Nachricht zu überbringen“, berichtete er. „Sie sind in Bahurim nur mit knapper Not entkommen.“

„Erzähl mir erst von Absalom“, sagte Batseba, die mit schwerem Gepäck auf dem Rücken durch die Dunkelheit stapfte. „Ist sein Heer schon in der Nähe?“

„Das weiß keiner ganz genau.“ Salomo schritt zügig voran – ein Zeichen von Jugend und Tatendrang. „Absalom hatte sich noch nicht entschieden, als die Jungen Jerusalem verließen. Ihre Väter meinten, die Neuigkeiten könnten nicht warten.“

„Was ist passiert?“

„Soweit ich es verstanden habe“, antwortete Salomo und rückte sich im Gehen sein Gepäck zurecht, „konnte Absalom sich nicht entscheiden. Ahitofel wollte sofort losschlagen, gleich die Armee aussenden und uns einfangen, bevor wir uns organisiert haben. Kluger Rat!“ Salomo grinste. „Jeder weiß, Großvater Ahitofel ist der klügste Mann im Königreich.“

„Aber wenn er Großvaters Rat befolgt hat, warum sind sie dann noch nicht hier? Selbst wenn sie unten die Straße nach Jericho genommen haben, hätten sie uns heute angreifen können.“ Salomo nickte. „Darum glaube ich, Absalom hat seinen Rat nicht befolgt. Sie sind noch nicht hier, aber Vater konnte sich nicht auf den Zufall verlassen. Sie könnten auch noch morgen kommen.“

Ja, dachte Batseba, *Vorsicht ist die beste Strategie*. Laut sagte sie: „Aber warum sollte Absalom Großvaters Rat nicht annehmen? Das ergibt doch keinen Sinn.“

Wieder lachte Salomo auf seine jungenhafte Weise. „Huschai. Er hat Absalom genau den entgegengesetzten Rat gegeben.“

„Was hat er gesagt?“

„Dass es dumm wäre, jetzt anzugreifen. Er fing an von Vaters erfahrenem Heer, das kampferprobt ist im Vergleich zu Absaloms ungeschliffenen Rekruten. Es wäre besser, in Israel wieder ins Horn zu stoßen. In ein paar Monaten wäre er zahlenmäßig so überlegen, dass er Vaters Veteranen ausgleichen könnte.“

Batseba nickte. „Und bis dahin sind wir bereit für sie.“

„Genau. Und du kannst sicher sein: Vater wird sich seine eigene Zeit und seinen eigenen Ort aussuchen."

Na also! Es war klug gewesen, Huschai an Absaloms Hof zu bringen. Warum Absalom allerdings eher Huschais statt Ahitofels Rat befolgte, war ein Rätsel. Es sei denn, Gott hätte die Hand für David im Spiel ...

Sie sah sich besorgt um, als hielte sie Ausschau nach einer Kolonne von Absaloms Truppen, die sie verfolgten. Aber da war nur Dunkelheit. Sie befanden sich schon in den Bergen und würden bald auf den alten Königsweg stoßen, der nach Mahanajim führte.

Salomo bemerkte ihren Blick nach hinten und lachte. „Keine Sorge, Mutter. Vater hat auch schon daran gedacht. Er hat Ittai den Gatiter an der Furt zurückgelassen."

Ittai. Batseba erinnerte sich an den jungen Philister mit seinen sechshundert Söldnern, die darauf bestanden hatten, bei David zu bleiben. Söldner! Soldaten gegen Lohn. Ja, sie mussten die Drecksarbeit tun, zurückbleiben und den Feind aufhalten, wenn er sie verfolgen sollte. Das war das Los der Männer, die Krieg zu ihrem Beruf machten. Ob sie überlebten oder starben, hing davon ab, ob Absalom Ahitofels oder Huschais Rat annahm.

Die ganze Nacht stapften sie voran, und auch am nächsten Tag ging es pausenlos weiter. Alle waren sie erschöpft. Batseba konnte sich gerade noch darauf konzentrieren, einen Fuß vor den anderen zu setzen. Jeder Knochen schmerzte vor Müdigkeit.

Im Verlauf des Tages stießen Ahimaaz und Jonatan zu ihnen. Ihre jugendliche Energie ließ die Reisenden vorübergehend aufleben. Die jungen Männer gingen von einer Gruppe zur anderen, sprühten vor Begeisterung und erzählten die Geschichte von ihrem knappen Entrinnen aus Jerusalem.

„Wir waren an der Rogelquelle und warteten auf die Botschaft, die wir dem König überbringen sollten", sagte Ahimaaz.

En Rogel war eine Quelle im Kidrontal genau südlich von Jerusalem. Ihre Eltern hatten sie dagelassen, damit sie in Jerusalem niemandem auffielen. Da die Priester sich bereits verdächtig gemacht hatten, wurden sie unablässig von Absaloms Spionen überwacht.

Jonatan erzählte weiter: „Wir erhielten durch ein Dienstmädchen Nachricht, dass Huschai wollte, dass wir zum König rennen und ihm die Botschaft überbringen, er solle so schnell wie möglich den Jordan überqueren."

Ahimaaz fuhr fort: „Der Freund dieses Dienstmädchens hat uns aber reingelegt. Er hat es Absaloms Spionen erzählt, und die kamen dann hinter uns her. Wir sind gerade noch davongekommen."

„Wo seid ihr dann entlanggegangen?", fragte Batseba.

„Über die Bergstrecke, genau wie ihr", entgegnete Jonatan. „Als wir nach Bahurim kamen, wussten wir, dass sie uns dicht auf den Fersen waren. Wir mussten rasch ein Versteck finden."

Ahimaaz unterbrach ihn: „Wir haben uns in einem Brunnen versteckt. Irgendein Hirte und seine Frau haben uns hinuntergelassen, ihn dann mit einem Deckel verschlossen und Getreidekörner darauf gestreut."

„Wer waren die beiden, die euch versteckt haben?", wollte Batseba wissen. David würde sie später gewiss belohnen wollen.

Jonatan zuckte die Achseln. „Keine Ahnung. Wir hatten keine Zeit, sie nach ihren Namen zu fragen."

„Haben Absaloms Männer euch gesucht?", fragte Batseba.

„Mit Sicherheit! Die Zeit im Brunnen kam mir ganz schön lang vor", erwiderte Ahimaaz.

„Dunkel und kalt war's dort unten", ergänzte Jonatan.

„Hattet ihr Angst?" Batseba hatte ihre Erschöpfung ganz vergessen, während sie den beiden zuhörte.

„Nein." Ahimaaz winkte ab. „Wir doch nicht. Wir sind Soldaten!"

Batseba verbarg ein Lächeln. Diese beiden waren immerhin noch Jungen. Ihnen fehlte einfach die Reife, auch die eigene Angst zuzugeben. Wenn sie dieselbe Frage Joab oder Abischai, also erfahrenen Kriegern, gestellt hätte – die hätten gewiss eine andere Antwort gegeben.

Am späten Nachmittag kamen sie erschöpft in Mahanajim an. Dort wurden sie von den Stadtvätern herzlich willkommen geheißen und im ganzen Stadtgebiet in Privathäusern untergebracht. Batseba und Salomo kamen zu einem Ehepaar, das sie herzlich begrüßte, ihnen zu essen gab und sie aufs Dach führte, wo Schlafdecken bereitlagen. Wenige Minuten später schliefen sie tief und fest die ganze Nacht durch bis zum nächsten Tag.

Am Morgen erwachte Batseba mit der Sonne im Gesicht und

den Geräuschen der Stadt um sie herum. Salomos Bett war leer. Der junge Mann brauchte offenbar nicht so viel Schlaf wie sie und war sicherlich unten, sprach mit den Gastgebern und erfuhr die neuesten Neuigkeiten.

Sie schaute über die Dachbrüstung auf die Stadt. Der Name Mahanajim, „doppeltes Lager", passte zu dem weiten Tal. Hier hatte ihr Vorfahre Jakob seine große Familie und seinen Besitz in zwei Lager geteilt. Wenn sein zorniger Bruder Esau ihn aufspürte, sollte er nur die eine Hälfte zerstören können. Hier hatte auch Isch-Boschet nach dem Tod seines Vaters Saul seine Hauptstadt errichtet – es war ein jämmerlicher Versuch, über das zu herrschen, was von dem Königreich seines Vaters übrig geblieben war. In einem dieser Häuser war er ermordet worden und hatte so den Thron Israels für David frei gemacht.

Obwohl die Stadt nicht so groß war wie Jerusalem, war sie genauso gut zu verteidigen. Die Stadtmauer konnte eine Armee über längere Zeit hinweg am Eindringen hindern. Kein Wunder, dass David diese Stadt als Zufluchtsort gewählt hatte. Wenn Absalom hier angriff, müsste er sie lange belagern. Batseba schauderte bei dem Gedanken – sie hoffte, es würde niemals dazu kommen.

Trotzdem – dies würde eine Zeit lang ihr Zuhause sein. Wie lange? Vermutlich Monate. Die Stadt war nicht ausgesprochen wohlhabend, trotz ihrer günstigen Lage an einer viel bereisten Handelsstraße. Wie konnten mehrere hundert Flüchtlinge hier versorgt werden? Da würde ihren Gastgebern eine Menge abverlangt.

„Jahwe", schloss sie ihre Gedanken mit einem Gebet. „Da sind wir ... in deinen Händen. Sorg *du* für uns!"

Danach fühlte sie sich erleichtert. Sie stieg hinunter in den Hof, um sich, genau wie Salomo, mit ihrer Gastfamilie bekannt zu machen.

12

Batsebas Gebet schien wirklich erhört worden zu sein, denn aus ganz Israel kamen Hilfsangebote. Viele Menschen in Davids Reich blieben dem König treu ergeben und schickten Nahrung und Soldaten.

In den folgenden Wochen kamen sie von Dan bis Beerscheba, brachten Herden und Korn und allerlei Notwendiges, das die Menschen bei ihrer überstürzten Flucht aus Jerusalem zurücklassen mussten. Junge Männer schlossen sich David an – wohl in der Hoffnung, dass sie im Falle eines Sieges zu Macht und Einfluss im Reich kämen.

Die treue Anhängerschaft war ermutigend, fand Batseba. Davids Sohn Absalom hatte die ganze Anziehungskraft seines Vaters geerbt und scharte auch viele Anhänger um sich. David war zwar älter, genoss aber doch die Bewunderung und Liebe zahlloser Israeliten.

Noch etwas erreichte David während dieser Zeit in Mahanajim – er bekam vertrauliche Berichte. Überall hatte David seine Spione eingesetzt, nicht nur in Jerusalem, sondern in ganz Israel. Täglich kamen Meldungen.

Batseba hörte auf diese Weise auch, dass ihr Großvater Ahitofel tot war – durch eigene Hand hatte er seinem Leben ein Ende gesetzt. Nachdem Absalom Huschais Rat angenommen und den von Ahitofel abgewiesen hatte, las der scharfsinnige alte Berater die Zukunft. Jetzt, da Davids alte Kämpfer bereit waren zum Widerstand, sah Ahitofel kaum noch Hoffnung auf Erfolg, obwohl Absaloms Heer zahlenmäßig überlegen war. Er ahnte, welches Schicksal ihn erwartete, wenn David an die Macht zurückkehrte. Und so war er nach Hause zurückgekehrt und hatte sich aufgehängt.

Batseba trauerte nicht um ihn. Er hatte ihr nie nahe gestanden, und als sie David heiratete, hatte er ihr, wie die meisten in Jerusalem, den Rücken gekehrt. Am Ende war er zum Verräter geworden. Gott sei Dank konnte er jetzt nicht mehr Absalom beraten.

Davids Kundschafter berichteten, Absaloms Heer sei mittlerweile im Anmarsch. Sie hatten in Jerusalem die Trompete geblasen und viele Soldaten angeheuert. Ihr Plan war, von Norden her anzugreifen, durch den Wald Ephraim zu kommen und David und seinen Streitkräften im weiten Tal von Mahanajim entgegenzutreten.

David rief seine Ratgeber zusammen, um die Schlacht zu planen. Salomo nahm an diesem Kriegsrat teil.

„Vater hat unser Heer in drei Verbände aufgeteilt", erzählte er seiner Mutter. „Wie du dir denken kannst, wird Joab den einen und Abischai den anderen anführen. Aber du kommst nicht darauf, wer den dritten kommandieren wird!"

„Du weißt ja, mein Sohn", erwiderte Batseba, „dass ich mich in militärischen Dingen nicht auskenne. Sag es mir."

„Ittai, der Gatiter. All die altgedienten Kämpfer, die dreißig Helden, hat Vater übergangen und einen ausländischen Söldner ausgewählt. Kannst du dir das vorstellen?"

Batseba lächelte. Sie war jedes Mal neu erstaunt, welch rasche Auffassungsgabe ihr junger Sohn in Staatsangelegenheiten und Militärstrategie besaß.

„Vielleicht war es die Belohnung dafür, dass er bei uns geblieben ist, als er eigentlich hätte umkehren können", entgegnete sie.

„Nein, es war mehr als das. Ich glaube, er erkennt Führungsqualitäten an dem Gatiter. Vater hat schon immer eine gute Hand gehabt bei der Auswahl seiner Leute. Oder er wollte einfach nur, dass ein neues Gesicht die Truppen anführt, anstatt immer nur dieselben Alten, die das schon seit Jahren machen."

„Waren manche von den alten Soldaten nicht eifersüchtig?"

„Ich glaube nicht." Salomo rieb sich das Kinn mit Daumen und Zeigefinger, wie so oft auch sein Vater. „Ich glaube, sie begrüßten sogar den Wechsel und gratulierten und ermutigten Ittai. Ich glaube, sie halten ihn für ihren eigenen Schützling und wollen ihm helfen."

„Du gehst nicht mit in die Schlacht, Junge, oder?"

„Nein, Mutter. Sie halten mich für zu jung. Auch recht. Ich könnte ihnen sowieso nicht großartig helfen."

Der Junge schien überhaupt nicht enttäuscht zu sein. Wie anders als die gleichaltrigen Jungen! Jeder junge Mann wollte Krieger sein, weil das doch als Inbegriff für Reife und Männlichkeit galt. Salomo war anders. Er interessierte sich mehr für Strategie und Staatswesen als für das Kriegshandwerk. Sein Lieblingsspruch lautete: „Kämpfen ist nur etwas für solche, die nicht klug genug sind, einen anderen Ausweg zu finden."

Daniel würde allerdings mit in den Krieg ziehen. Der Sohn von Königin Abigail hatte zwar geistig nicht das Zeug, das Königreich zu regieren, doch er hatte körperliche Kraft zum Kämpfen. Sein muskulöser Körperbau und seine Gewandtheit waren auch nach dem Unfall unbeeinträchtigt. Man ordnete ihn Abischais Division zu.

Jonatan und Ahimaaz, die jungen Priestersöhne, wollten am liebsten gleich losziehen. Für sie war es ein weiteres Abenteuer, ähnlich wie das ihrer Flucht aus Jerusalem, als sie dem König die Botschaft überbracht hatten. Ihre Begeisterung kannte keine Grenzen, als man sie Joabs Division zuordnete.

Salomos nächste Äußerung überraschte Batseba. „Selbst der König wollte mitziehen!"

Batseba schüttelte langsam den Kopf. Ihr Mann müsste es eigentlich besser wissen. Er war den Strapazen eines Feldzuges körperlich doch gar nicht mehr gewachsen. Aber vielleicht waren bei ihm Erinnerungen an frühere Jahre und Feldzüge geweckt worden?

„Wird er gehen?", fragte sie, und ihre Stimme zitterte.

Salomo lachte. „Keine Angst, Mutter. Alle haben so laut protestiert, dass er aufgab und zusagte, in Mahanajim zu bleiben. Joab hat es am besten ausgedrückt. Er sagte: ‚Wenn wir diese Schlacht verlieren, wird es dem Feind egal sein, ob wir leben oder sterben. Aber sie werden nach dir Ausschau halten. Du bist mehr wert als Zehntausend von uns, und wir wollen, dass du weiter lebst!'"

Batseba nickte. David würde sich dieser unbestreitbaren Logik beugen. Sein Platz war hier, wo er mit Weitblick die Fäden in der Hand hielt – nicht auf dem Schlachtfeld, wo der Blick stark eingeschränkt war.

„Vater hat selber den Teil des Landes ausgesucht, wo unsere Streitkräfte auf ihre treffen werden: im Wald Ephraim, bevor sie das Mahanajimtal erreichen. Sie haben Streitwagen, doch die werden dort zwecklos sein. Ich verstehe sowieso nicht, warum sie sich alle so auf Streitwagen verlassen; die nützen einem nur etwas, wenn man sich auf einer weiten Ebene befindet, und davon gibt es hier nicht sehr viele. Kein Heer von Fußsoldaten, das den Verstand beisammen hat, würde sich in einem Kampf auf offener Ebene Streitwagen entgegenstellen."

Batseba interessierte sich nicht sonderlich für die Schlachtpläne, die Salomo ihr erläuterte. Ittais Division würde frontal auf den Feind stoßen, Joab und Abischai würden die Flanken angreifen. Im Wald würden sie Mann gegen Mann kämpfen, und Davids erfahrene Soldaten wären im Vorteil. Salomo war offensichtlich mit der Strategie seines Vaters einverstanden, und er erzählte begeistert weiter. Auf einmal horchte Batseba auf.

„Vater hat angeordnet, dass sie Absalom nichts antun dürfen", sagte Salomo. „Ich schätze, er liebt seinen Sohn noch immer, obwohl ich nach all dem nicht erkennen kann, warum. Für ihn wäre es doch das Beste, in der Schlacht zu sterben. Wenn er überlebt, was wird Vater dann mit ihm machen? Er kann ihn nicht einfach ziehen lassen; Absalom würde dann nur einen neuen Aufstand anzetteln, und wir müssten all das nochmal durchmachen. Aber ihn als Gefangenen zu halten, wäre auch nicht gut, denn er ist der Sohn des Königs. Nicht nur das – er ist der älteste Sohn, abgesehen von Daniel. Würde er Vater eines Tages ablösen? Nach allem, was er angerichtet hat? Besser, er stirbt im Kampf."

Batseba nickte. „Vergiss nicht die Regel des Königs: Taste niemals Jahwes Gesalbten an, oder seine Söhne. Das gilt schon seit den Zeiten von Saul und Jonatan."

Salomo lachte. „Das ist eine gute Regel. Sie schützt uns alle. Aber vergiss nicht – Absalom selbst hat gegen diese Regel verstoßen, als er Amnon umbrachte. Die Strafe für den Regelverstoß ist der Tod. Jetzt haben wir das Dilemma! Wenn der Königssohn einem Königssohn das Leben nimmt, wer wird dann den Königssohn hinrichten? Das wird keiner wagen."

„Das Problem bleibt also", sinnierte Batseba. „Wenn Absalom in Gefangenschaft gerät, was wird dann aus ihm werden?"

„Das ist ein Rätsel für die klügsten Köpfe in Israel. Wie lautet die Antwort?"

„Das liegt in Gottes Hand", erwiderte Batseba.

Salomo lachte kurz auf. „Ja, vermutlich ist er als Einziger klug genug, das Rätsel zu lösen."

Batseba blickte ihren Sohn scharf an. Klang da Spott aus seinen Worten? So etwas hätte sie vor wenigen Jahren vermutlich selber gesagt. Es grenzte schon an Gotteslästerung.

Wie stand ihr Sohn zu Gott? Er sprach nie viel über Jahwe. Vertraute er ihm? Bei seiner Intelligenz und Auffassungsgabe musste er doch einfach die göttliche Hand in allen Angelegenheiten Israels erkennen – insbesondere die Fürsorge im Leben und Werdegang des David ben Jesse. Selbst jetzt, so weit von Jerusalem und der Bundeslade entfernt, regelte Jahwes liebende Hand die Angelegenheiten Israels. Das war ihr sonnenklar. Warum konnte Salomo das nicht genauso klar sehen?

Am nächsten Morgen zog die Armee im Parademarsch durch das Nordtor hinaus – vorbei am König und Salomo, die dort nebeneinander standen. Batseba schaute vom Dach des Hauses ihrer Gastgeber aus zu, genau wie all die anderen Einwohner Mahanajims. Zogen diese Männer in den Tod? Welche Armee würde als nächstes diese Straße herunterkommen? Davids Gefolgschaft, die mit der Nachricht vom Sieg kam? Oder feindliche Soldaten, die den König töten und ihr Leben zerstören würden?

Nur Jahwe kannte die Antwort auf diese Frage. Jahwe, der Rätsel lösen konnte. Der in seiner unsichtbaren Gegenwart dem alternden König und seinem klugen Sohn beistand, die sich von den losmarschierenden Truppen am Stadttor verabschiedeten.

Jahwe, bitte! Schenke uns Sieg!

13

Nachdem das Heer aufgebrochen war, hatte David kaum etwas zu tun. Er verbrachte mehr Zeit mit Batseba und Salomo, aber oft stand er einfach nachdenklich wartend am Stadttor.

Wie bei den meisten befestigten Städten bestand das zweigeschossige Torhaus aus einem großen Raum im Erdgeschoss mit zwei schweren Toren, einem inneren und einem äußeren. Darüber lag ein zweiter Raum, auf dessen Dach Wachmänner postiert waren. David suchte häufig vom Dach aus die Umgebung ab, aber manchmal ging er auch im Turmzimmer darunter hin und her. Batseba und Salomo leisteten ihm zuweilen Gesellschaft.

„Wann hören wir endlich von ihnen?", fragte er immer wieder. „Fünf Tage! Fünf Tage und noch keine Nachricht. Nicht einmal eine Botschaft von Joab, dass die Truppen ihre Stellung eingenommen haben und auf den Überfall warten."

Innerhalb der Mauern Mahanajims herrschte das gewohnte Treiben. Jetzt, da die meisten Männer weg waren, kehrten die Menschen zu ihrem vertrauten, ruhigen Leben zurück, sofern man das Leben in einer Stadt überhaupt als ruhig bezeichnen konnte. Batseba hörte das Schwatzen der Frauen auf der Straße und das aufgeregte Kreischen spielender Kinder. Eine angenehme, friedliche Stadt. Ob die Bewohner ahnten, was ganz in ihrer Nähe vor sich ging?

„Mein Herr und König!" Die erregte Stimme einer Wache drang von oben zu ihnen herab. „Da kommt ein Läufer!"

„Ist er allein?"

„Ja, Herr."

„Ah, endlich. Ein Bote. Jetzt werden wir etwas erfahren."

„Wartet, mein Herr und König!", schrie der Wächter erneut. „Ich sehe noch einen. Der Zweite ist ... glaube ich ... schwarz. Ja, jetzt sehe ich ihn. Er ist einer der Söldner aus Kusch."

„Wer wird als Erster ankommen?", fragte David.

„Der junge Mann. Ich glaube ... ja! Es ist Ahimaaz, der Sohn des Priesters Zadok!"

Das Tor stand offen und David trat hinaus auf die Straße, dem jungen Mann entgegen. Salomo, Batseba und mehrere andere folgten ihm.

Ahimaaz stolperte vor Erschöpfung. Er rang nach Atem und hielt sich die Seite. „Ist ... alles in Ordnung!", japste er. „Jahwe ... hat uns den Sieg gegeben! Er ... er hat die Rebellen ... vernichtet, die – die es wagten, sich gegen Euch aufzulehnen!"

Die letzten Schritte des Jungen wurden ihm zur Qual. Batseba bemerkte sein rotes Gesicht, verzerrt vor Anstrengung. Er sank vor dem König auf die Knie und rang nach Luft.

David ließ nicht locker. „Und Absalom? Was ist mit meinem Sohn? Geht es ihm gut?“

Der Junge schaute auf. Batseba kam es so vor, als würde sein Gesicht von einer neuen Qual verzerrt.

„Ich weiß es nicht, mein Herr und König. Alles war so durcheinander ... Alle riefen und schrien ... Ich habe nichts verstanden. Ich weiß es einfach nicht ...“

Er weiß es, dachte Batseba. *Er hat Angst, es zu sagen.*

David nickte ernst. „Dann müssen wir warten“, sagte er streng.

Ahimaaz sackte in sich zusammen und keuchte weiter. Der Junge war offenbar erleichtert, dass er die Frage des Königs nicht zu beantworten brauchte.

Der zweite Bote kam auf sie zu, mit langen, federnden Laufschritten. Er war hoch gewachsen, muskulös und vollkommen unbehaart. Seine schwarze Haut glänzte von Schweiß. Da er keinen Sprint eingelegt hatte, sondern mit gleichmäßigem Tempo durchgelaufen war, war er nicht erschöpft und außer Atem.

Ein Kuschiter, sinnierte Batseba. Einer der Söldner aus Oberägypten/Äthiopien. Aus diesem afrikanischen Stamm gab es mehrere in Davids Heer. Gute, loyale Soldaten, denen David absolut vertraute.

„Mein Herr und König!“ Die fülligen Lippen stammelten mühsam die Worte in einer für ihn fremden Sprache. „Gute Neuigkeiten! Heute hat Euch Jahwe vor denen errettet, die sich gegen Euch aufgelehnt haben.“

„Und Absalom?“, wollte der König wissen. „Was ist mit meinem Sohn? Ist er wohlauf?“

Der Kuschiter verzog das Gesicht. „Möge es allen Rebellen gegen meinen König wie diesem jungen Mann ergehen!“

Davids Blick versteinerte sich. Batseba kam es so vor, als hielten alle in dieser kleinen Gruppe die Luft an. Sie alle wussten, was diese Worte für den König bedeuteten. Alle bis auf den Kuschiter.

„Nein!“ David schrie auf. „Nein! Nein! Nein!“ Er sank auf die Knie und vergrub sein Gesicht in den Händen. „Nein! Das kann nicht wahr sein! Absalom! Ach, mein Sohn! Ach, wenn ich doch nur an deiner Stelle hätte sterben können! Nein!“

Er zerriss sein Gewand und raffte eine Hand voll Staub zusammen, die er sich über den Kopf warf. Er legte das Gesicht auf die Erde, mit der Stirn im Staub.

Die Menschen um ihn herum zogen sich zurück – alle außer Batseba und Salomo.

„Wir müssen ihn ins Haus bringen“, flüsterte Batseba. „Die Leute dürfen ihn so nicht sehen. Nicht jetzt!“ Salomo nickte. Er begriff augenblicklich die politische Brisanz dieser Situation: das Bild des Königs, der bei solch guten Nachrichten trauerte.

Gemeinsam stemmten Mutter und Sohn David auf die Beine und führten ihn die Treppe hoch in den Raum über dem Torhaus.

Oben im Wachzimmer fiel David zu Boden und wollte sich nicht trösten lassen.

„Wir lassen ihn allein“, sagte Batseba. „Er braucht Zeit.“

Salomo nickte und sagte zu einer Wache: „Bleib hier draußen und lass niemanden hinein. Der König braucht Zeit, um seinen Sohn zu betrauern.“

Der Wächter, ein älterer Mann, nickte dem Jungen respektvoll zu. „Ja, mein Prinz“, erwiderte er.

Batseba und Salomo gingen nach unten. „Lass uns mit Ahimaaz reden“, schlug Batseba vor. „Vielleicht können wir herausfinden, was geschehen ist.“

Der junge Mann hatte sich von der Anstrengung erholt und stand mit den anderen am Tor.

„Komm, geh mit uns, Ahimaaz“, forderte Batseba ihn freundlich auf. Sie ging Richtung Stadt. Salomo und Ahimaaz folgten ihr.

„Ja, Königin Batseba“, erwiderte Ahimaaz.

Batsebas Herz machte einen Satz. So hatte sie noch nie jemand genannt. Seit Abigails Zeiten hatte niemand zu irgendjemand „Königin“ gesagt. War das nur dieser junge Mann ... oder sagten alle Soldaten das jetzt so? Sie schob den Gedanken beiseite. Der Junge musste jetzt befragt werden.

„Was ist da draußen wirklich passiert?“, wollte sie wissen.

Ahimaaz holte tief Luft. Er keuchte immer noch ein wenig. „Wir haben im Wald gekämpft“, begann er. „Alle waren ganz durcheinander. Niemand konnte etwas sehen. Aber wir wussten, dass der Sieg unser war, denn der Feind zog sich zurück, und alle Gefallenen schienen zu Absaloms Heer zu gehören.“

„Du warst also in Joabs Division, stimmt's?“, fragte Salomo.

„Ja, mein Prinz. Dann erzählte uns irgendein Kämpfer, ich weiß nicht wer, dass sich Absalom in einem Baum verfangen hätte ...“

„In einem Baum!“ Salomo starrte den jungen Mann an. „Du meinst ... mit seinen langen Haaren?“

Ahimaaz zuckte die Achseln. „Seine Haare haben ihn dort festgehalten, aber eigentlich hing er mit dem Kopf fest. Dann sagte Joab zu dem Krieger: ‚Was! Du hast ihn gesehen und ihn nicht getötet? Wenn du es getan hättest, hätte ich dir zehn Silbermünzen gegeben, und sogar einen Kriegergürtel!‘“

Batseba nickte. Zehn Silbermünzen waren die übliche Belohnung, die ein Soldat direkt erhielt, wenn er in der Schlacht eine außergewöhnliche Tat vollbracht hatte. Der Kriegergürtel bedeutete eine achtbare Stellung.

Ahimaaz erzählte weiter. „Der Mann sagte zu Joab: ‚Selbst wenn du mir zehntausend Silberstücke bietest, würde ich es nicht tun. Ich habe gehört, was der König über das Töten seines Sohnes gesagt hat.‘“

Ahimaaz fuhr fort: „Ihr hättet mal Joab hören sollen! Er hat den jungen Soldaten in Grund und Boden verflucht! Dann hat er ihn gezwungen, uns zu Absalom zu führen. Und da hing er, an einem Baum. Er lebte auch noch, war aber hilflos und hatte große Schmerzen.“

„Was hat Joab dann gemacht?“, fragte Batseba, obwohl sie die Antwort schon ahnte.

Ahimaaz’ Blick wurde steinhart.

„Er hat ihm den Speer in die Brust gerammt. Dann zog er sein Schwert und hat ihn damit durchbohrt. Und ebenso mit seinem Dolch. Dann trat er ein paar Schritte zurück und winkte uns herbei, um dasselbe zu tun.“ Ahimaaz hielt inne. Er schlug die Augen nieder. Schließlich sprach er zaghaft weiter. „Und wir ... haben ... gehorcht.“

Batseba schauderte. Sie wünschte, sie hätte nicht nach den grausigen Details gefragt.

Der Junge machte schnell weiter mit seiner Erzählung. „Dann haben wir Absalom in einem Erdloch begraben und Steine auf sein Grab gehäuft. Joab gab Anweisung, ins Horn zu stoßen und die Schlacht zu beenden, denn der Kampf war vorüber.“

Ein Steinhaufen im Wald Ephraim! Welch schmähliches Ende

für die Karriere eines ehrgeizigen Prinzen. Batseba dachte an das prunkvolle Grab, das Absalom für sich selbst im Königstal angelegt hatte. Er hatte ein Steindenkmal errichtet, damit sich jeder an ihn erinnern sollte.

Sie schaute zu Salomo. Hatte er gerade dieselben Gedanken wie sie? *So etwas geschieht mit Königssöhnen, die unter Blutvergießen nach dem Thron greifen.*

Die Soldaten des siegreichen Heeres kehrten wieder nach Mahanajim zurück, und die Stadt begann zu feiern. Die Menschen wussten wohl von Davids Trauer, und natürlich wurde ihre Feststimmung dadurch getrübt.

Batseba ging ins Turmzimmer hinauf. Die diensthabende Wache an der Tür ließ sie passieren. David lag noch immer auf dem Boden und weinte. Er hatte seine Kleidung zerrissen, das Haar war staubbedeckt.

„Du bist Gottes Gesalbter“, begann sie vorsichtig. „Du hast eine Verpflichtung gegenüber deinem Volk.“

Ihre Worte verfehlten diesmal ihre Wirkung; David reagierte nicht. Sie fragte sich, wie sie ihn aus seiner Trauer herauslocken konnte. Irgendetwas musste geschehen; der König durfte jetzt nicht trauern, während alle sich über den Sieg freuten.

Auf einmal platzte Joab ins Zimmer. Er trug noch seine Rüstung, nur den Helm hatte er abgelegt. Sein schmutziges Gesicht und seine ungekämmten Haare ließen ihn wie einen Wilden aussehen.

„Wir haben dir gerade das Leben gerettet!“, schrie er den König an. „Und das Leben deiner Söhne, deiner Töchter, deiner Frauen und Konkubinen ... Und du verhältst dich so! Du bringst uns dazu, dass wir uns schämen, als hätten wir etwas falsch gemacht!“

Nur Joab konnte auf diese Weise mit dem König von Israel sprechen. Nur Joab. Der Mann, der gerade den Befehl missachtet hatte, dem Königssohn nichts anzutun.

„Warum nur“, fuhr Joab fort, „liebst du die, die dich hassen, und hasst die, die dich lieben? Scherst du dich gar nicht um deine eigenen Männer!? Wenn Absalom überlebt hätte und wir alle umgekommen wären ... das hätte dir wohl gefallen, was?“

David lag immer noch reglos auf dem Boden. Aber er hatte aufgehört zu klagen und zu weinen.

„Denk dran: Du bist der Gesalbte des Herrn. Geh hinaus und sprich zu deinen Männern! Sag ihnen, dass du glücklich bist über den Sieg, den wir für dich errungen haben. Denn sonst – das schwöre ich bei Gott! – werden sie alle desertieren, und du stehst schlimmer da als zuvor!“

Joab drehte sich um und ging aus dem Zimmer. Batseba blieb stehen und wagte kaum zu atmen. Salomo trat hinter sie. Er starrte seinen Vater an. Zweifellos hatte er jedes Wort von Joab mitbekommen, genau wie die Wache und mehrere andere.

Da fiel Batseba ein, was zu tun war: „Schnell, Salomo, lauf ins Haus! Bring deinem Vater ein sauberes Gewand. Ich hole ihm Badewasser. Er muss gut aussehen, wenn er zu seinen Männern redet.“ Sie sprach laut genug, dass David es hören konnte. Dann folgte sie Salomo aus dem Zimmer und holte eine Wasserschüssel.

Als sie zurückkam, war David auf den Beinen. Er starrte sie an. Sie sagte nichts, sondern stellte die Schüssel nur auf eine Bank und ging aus dem Raum. Salomo kam ihr mit einem sauberen Gewand, einem Kamm und einem Ölgefäß entgegen.

Draußen vor dem Wachhaus war inzwischen eine Menschentraube versammelt. Die Nachricht von Joabs Standpauke hatte sich offenbar wie ein Lauffeuer verbreitet. Soldaten, aber auch die Stadtbewohner standen schweigend da und warteten.

David sah erfrischt aus, als er die Treppe herunterkam. Er trug das saubere Gewand. Haare und Bart waren gekämmt und geölt. Seine Augen blickten noch traurig, aber beherrscht.

„Danke, Männer“, sagte er ruhig. In dem Schweigen trug seine Stimme weit. „Jetzt ... wollen wir heimgehen.“

Das war alles, aber es war genug. Die Menge brach in Jubel aus. Nun konnte die Siegesfeier beginnen.

Am nächsten Tag verließen sie Mahanajim und machten sich auf den Heimweg nach Jerusalem.

14

Bevor sie aus Mahanajim aufbrachen, schickte David Eilbotschaften nach Jerusalem. Er informierte die Priester Zadok und Abjatar sowie Huschai und alle anderen Berater, die ihm treu geblieben waren, dass er auf dem Heimweg sei. Sie sollten sich der Loyalität des Volkes Israel vergewissern; außerdem sollten die Ältesten aller Stämme den König – den *wahren* König – persönlich zur Rückkehr auffordern. Er selbst wollte so lange in seinem Lager am Ostufer des Jordans warten, bis er Antwort bekam. Das Überqueren des Flusses sollte dann ein Symbol für das ganze Volk sein: Der König war wieder im Lande.

Davids besondere Sorge galt dem Stamm Juda. Sein eigener Volksstamm war der Erste gewesen, der abgefallen war. Nun wollte David ihre Ergebenheit testen.

Der junge Salomo, der die komplizierte politische Lage durchschaut hatte, erklärte seiner Mutter: „Die meisten Rebellen kamen aus Juda. Zumindest am Anfang. Absalom war dort unwahrscheinlich beliebt gewesen, und da fing der Aufstand an."

„Aber warum?", fragte Batseba. „David war dort auch beliebt. Schließlich war er König von Juda, bevor er König über ganz Israel wurde."

Salomo zuckte die Achseln. „Vielleicht haben sie in Absalom das gesehen, was sie dreißig Jahre zuvor in Vater gesehen haben – einen jungen, tatkräftigen Krieger, ausgesprochen attraktiv, der mit seinem Charme alle bezauberte."

„Aber was hat David denn getan, um die Menschen aus Juda gegen ihn aufzubringen? Hat er nicht das Königreich gefestigt, die Philister und alle anderen Feinde besiegt, sichere Straßen gebaut, Handelsbeziehungen zu den mächtigen Staaten geknüpft, so dass wir stolz auf unser großes Volk sein können?"

Salomo nickte und zupfte mit Daumen und Zeigefinger an seinem glatten Kinn. „Ja, das hat er alles getan. Es zeigt, wie wankelmütig die Menschen sind. Ich glaube, sie waren von Absalom geblendet. Als die Sonne auf ihn schien, funkelte sie so stark, dass man nichts anderes mehr sah."

Er kann so gut mit Worten umgehen, sinnierte Batseba. *Er ist so klug für sein Alter.* Sie hatte die führenden Männer an Davids Hof darüber reden hören, dass der Junge klug genug sei, um einen würdigen Thronfolger abzugeben. Sie mochte dieses Gerede nicht. Doch sie musste zugeben, dass die Leute Recht hatten. Ihr Sohn würde einen guten König abgeben. Einen viel besseren als irgendeiner seiner älteren Brüder.

Seine älteren Brüder! Das brachte sie auf einen Gedanken, den sie vorher nicht bedacht hatte. Wer würde jetzt, da Absalom tot war, in der Thronfolge stehen?

Adonija.

Er war der Sohn von Davids Frau Haggit, die David geheiratet hatte, als er noch König von Juda war. Sie war die Witwe eines wohlhabenden Israeliten, den Joab damals, als Juda und Israel inoffiziell Krieg gegeneinander führten, überfallen hatte.

Adonija war als pflichtbewusster Sohn in Davids Familie aufgewachsen. Er hatte niemals erwartet, Nachfolger seines Vaters zu werden. Dafür gab es einfach zu viele Brüder vor ihm, und Adonija war nie besonders ehrgeizig gewesen. Attraktiv ja – alle Söhne Davids waren gut aussehend und anziehend. Ehrgeizig waren dagegen nur wenige, und Adonija gehörte nicht dazu. Während Absaloms Revolte war er David treu geblieben.

Batseba runzelte die Stirn und schaute Salomo an. Sie musste die beiden Jungen einfach vergleichen. Jungen? Adonija war Anfang dreißig; Salomo war nicht einmal halb so alt. Und doch konnte sie es nicht abstreiten: Salomo wäre der bessere König. Ihr wurde ganz heiß bei dem Gedanken. *Nein, Salomo sollte nicht König werden.*

Es hatte Zeiten gegeben, da war sie selber ehrgeizig gewesen und hatte schamlos versucht, ihre Ziele durchzusetzen. Das war lange her. Der Tod ihres Erstgeborenen – und die Gespräche mit dem Propheten Nathan – hatten sie von solchen egoistischen Wünschen befreit. Sie war zu der Überzeugung gelangt, dass Jahwe, der lebendige Gott, nichtige Bestrebungen nicht duldete. Besser war es, wenn man den Ausgang der Ereignisse in Gottes Hand ließ.

Obwohl Salomo noch jung war, hatte er nie den Wunsch geäußert, König zu werden. Er hatte offenbar verstanden, was sie ihm früher einmal gesagt hatte: Gott lässt den nicht ungestraft, der über die Leichen seiner Brüder geht, um den Thron zu besteigen. Zumindest machte er den Eindruck. Man wusste ja nie, was in so einem klugen jungen Kopf vor sich ging.

Dieser Kopf begriff, warum David sein Lager am Ostufer des Jordans aufgeschlagen hatte. Er erläuterte Batseba, wie genial der Plan seines Vaters war, das Volk neu zu einen, indem sie David baten, wieder ihr König zu sein.

„Sie werden sich darum schlagen, wer als Erster seinen Abgesandten zum Jordan schickt, um so die Gunst des Königs zu gewinnen." Er lachte. „Und sie wissen, dass der König gut aufpassen wird."

Zu Batsebas Erstaunen – und zu Salomos Verwirrung – kam als Erster der Stamm Juda an den Jordan. Davids eigener Stamm war damals auch der erste gewesen, der sich Absaloms Rebellion angeschlossen hatte.

Während sie am Ostufer des Jordans auf die Einladung der Stämme warteten, erfuhren Batseba und Salomo, was Juda zur Kapitulation veranlasst hatte. Zunächst war es nur ein Gerücht, später kam die ganze Wahrheit heraus: David hatte die Priester in Jerusalem heimlich benachrichtigt, nach Juda zu gehen und mit den Ältesten zu reden. Er hatte den Soldaten von Juda, die Absalom gefolgt waren und die Schlacht im Wald Ephraim überlebt hatten, Amnestie angeboten.

Um diese Amnestie noch zu unterstreichen – oder vielleicht auch, um dem Stamm Juda seine Glaubwürdigkeit zu demonstrieren –, entließ David seinen Hauptmann Joab und ernannte Amasa zum Oberbefehlshaber aller Streitkräfte in Israel.

Amasa! Genau wie Joab und Abischai war er einer von Davids Neffen. David hatte zwei Schwestern: Zeruja, die Mutter von Joab und Abischai, sowie Abigail, Amasas Mutter.

Amasa war einer der wenigen von Davids dreißig Offizieren gewesen, die zu Absalom übergelaufen waren. Er war in Juda ein beliebter Held gewesen – mit ein Grund dafür, warum sich so viele aus Juda an dem Aufstand beteiligten. Absalom hatte ihn zu seinem General ernannt. Während der Schlacht im Wald Ephraim war Amasa gerade so mit dem Leben davongekommen. Jetzt bot David ihm den höchsten Posten im israelitischen Heer an – damit war die Amnestie für alle Rebellen aus Juda eingeleitet.

Das Volk Juda freute sich über das Angebot; man kam in großen Scharen zur Furt des Jordans, um dem König zu huldigen. Doch Joab schäumte vor Wut. Als er von seiner Absetzung erfuhr, fluchte er fürchterlich und stürmte in sein eigenes Zelt, wo er sich schmollend zurückzog.

„Er wird sich schon wieder blicken lassen", sagte David. „Ich kenne Joab. Niemand in Israel ist mir treuer ergeben. Ihr werdet's schon sehen."

Batseba wunderte sich über Davids Fähigkeit, so leicht zu vergeben. Konnte er Amasa trauen? Er hatte schon einmal seinen König im Stich gelassen. Sie schüttelte den Kopf. Ihr Mann hatte ein zu weiches Herz. Er konnte jedem vergeben – außer sich selbst.

Und Joab. Hatte er sich gerade einen starken Feind gemacht? Würde sich Joab jetzt gegen ihn wenden? Hatte David ihm auch vergeben?

An dem festgesetzten Tag, als die Königsfamilie den Jordan überqueren wollte, hatte Batseba noch mehr Gelegenheit, Davids Bereitschaft zur Begnadigung zu beobachten. Es ging um Schimi ben Gera, jenen Mann, der David auf seiner Flucht mit Schmähungen überhäuft hatte.

Batseba sah, wie der alte Krieger durch das seichte Wasser zu David hin watete. Er ging auf die Knie und verbeugte sich vor ihm. „Mein Herr und König. Bewahre bitte nicht die Worte in deinem Herzen, die ich damals gesagt habe. Ich habe gesündigt. Bitte vergib mir."

Batseba konnte sich noch deutlich an die Situation vor wenigen Monaten erinnern. In der Nähe des Dorfes Bahurim, auf der Gebirgsstraße nach Jericho, hatte Schimi auf einem Hügel gestanden und David Steine und Beleidigungen entgegengeschleudert. Nun war er hier und bat um Vergebung.

„Soll ich ihn töten?", grummelte Abischai. „Er hat es verdient. Er hat den Gesalbten des Herrn verflucht."

„Nein! Sprich nicht so, du Sohn der Zeruja!"

Batseba schnappte nach Luft, als sie diese Worte hörte. Abischai hielt den Mund und drehte sich um. Was tat David da? Er hatte Abischai gerade „Sohn der Zeruja" genannt und ihn daran erinnert, dass er Joabs Bruder war, der in Ungnade gefallen war. Es sah fast so aus, als wolle David seinen bisherigen treuen Freunden den Rücken kehren und statt dessen seine Feinde umarmen.

David sprach lauter, als es notwendig gewesen wäre, vielleicht damit die Menschen aus Juda am anderen Ufer des Jordans ihn auch hören konnten. „Dies ist ein Tag zum Feiern. Niemand wird heute sterben, denn ich bin wieder König über Israel!"

Er wandte sich an den Mann, der zu seinen Füßen lag. „Du wirst nicht sterben. Das schwöre ich vor Gott!"

Batseba brauchte Salomos Erläuterungen nicht, um Davids Vorgehen zu verstehen. Das war mehr als bloße Güte; es war ein kluger politischer Schachzug! Amnestie für seine früheren Feinde. Vergebung für Schimi. Amasas Ernennung zum Oberbefehlshaber. Bald würde das ganze Volk von Davids Handeln erfahren und wieder vereint hinter seinem König stehen.

Dann trat David in das seichte Wasser des Jordans und watete hinüber auf die andere Seite.

Die Menschen begrüßten ihn dort mit lauten Jubelrufen. Sie winkten mit Palmwedeln und riefen: „Gelobt sei der Gesalbte des Herrn! Gesegnet sei, der im Namen Gottes kommt!" Von Jericho bis Jerusalem standen die Menschen am Straßenrand, schwenkten Palmwedel und riefen immer wieder dieselben Worte. David ritt hoch erhobenen Hauptes auf einem Esel die Straße entlang und winkte seinem Volk zu.

Wie Batseba allerdings von ihrem Platz im Triumphzug aus mitbekam, stammten die meisten Menschen, die da jubelten, aus Juda. Wo blieben die anderen Stämme Israels?

Sie näherten sich der Stadt von Süden her. David beschloss, durch das Wassertor einzuziehen – dasselbe Tor, durch das er auch hinausgezogen war. Gewiss würden die Menschen die symbolische Bedeutung dieses Einzugs verstehen.

Sie kamen triumphierend das Kidrontal hinauf, zogen an der Gihonquelle vorbei und durch das Wassertor in die Stadt ein. Überall grüßten Menschen mit Jubelrufen und Palmwedeln. Auf allen Lippen waren die Worte „Jahwes Gesalbter!" zu hören.

David war heimgekehrt. Als Flüchtling hatte er die Stadt verlassen müssen. Jetzt war er als König zurückgekommen.

Jahwes König, dachte Batseba zufrieden. Jahwes Gesalbter. Denn ohne Jahwe konnte sein Königreich niemals sicher sein.

15

Batseba übernahm die Aufgabe, im Palast wieder alles zu ordnen und einzurichten. Die Küche sollte so organisiert werden, dass mindestens eine Hauptmahlzeit am Tag zubereitet wurde; der Garten im Innenhof musste bearbeitet werden ... Jedem wurde sein Platz zugewiesen – auch den neuen Palastbewohnern, die unterwegs aufgenommen worden waren.

Und die Menschen am Hofe respektierten sie. Davids Frauen, die sie früher aus ihrer Mitte ausgeschlossen hatten, suchten jetzt bei ihr Rat. Sie schienen damit zu sagen: *Du hast dir den Platz als Erste Ehefrau verdient.*

Und die Diener – die nannten sie nun Königin Batseba. Es war das zweite Mal, dass sie so genannt wurde – vor ein paar Wochen hatte Ahimaaz damit angefangen. Sie schüttelte den Kopf. Seit den Zeiten Königin Abigails war nie mehr jemand so genannt worden. Für die Diener im Palast war sie nicht nur die Erste Ehefrau, sondern auch die Königin Israels!

Sie lächelte. Vor knapp zwanzig Jahren hatte sie sich in ihrer Phantasie ausgemalt, einmal so genannt zu werden. Jetzt machte sie sich nichts mehr daraus; sie war vom Ehrgeiz befreit. Erfreulich war es aber trotzdem.

Was hatte sie verändert? War es, dass sie nun die Macht erlangt hatte, die sie früher so begehrt hatte – und nun so hohl fand? War es die drängende Suche nach Frieden in ihrem Leben, nach all den Kämpfen, den Herausforderungen und der Unruhe? Oder war es etwas Tiefergehendes – eine Berührung durch die Hand Gottes, die ihr den Blick dafür geöffnet hatte, was wichtig war und was nicht?

Sie zuckte die Achseln. Das waren Fragen, wie sie der junge Salomo gern diskutierte. Doch ihr lag das Philosophieren nicht so sehr. Sie nahm jeden Tag so, wie er kam, und überließ es anderen, sich ein Gesamtbild zu machen.

Sie versuchte, nett zu den Nebenfrauen zu sein, die David im Haus zurückgelassen hatte. Von Huschai erfuhr man nun, welche unglaublichen Szenen sich im Palast abgespielt haben mussten, während die Königsfamilie im Exil war. Er trat vor dem königlichen Gericht auf, das im Thronsaal zusammengekommen war. Batseba hörte, wie der grauhaarige Ratgeber vor dem König stand und seinen Bericht gab.

„Da wandte sich der junge Rebell Absalom an Ahitofel und sagte: ‚Was soll ich mit den Konkubinen meines Vaters anfangen?‘ Und Ahitofel, dessen Rat jeder respektierte, wie Ihr wisst, mein König, entgegnete: ‚Geh mit ihnen ins Bett. Dann wird ganz Israel wissen, dass Ihr der wahre König über Israel seid.‘“

Batseba verstand die Strategie. Wenn ein König den anderen ablöste – sei es durch Tod oder Niederlage – so wurde er automatisch der Mann aller Ehefrauen und Konkubinen des früheren Herrschers. Dem Volk Israel entging die Bedeutung dieses symbolischen Aktes also nicht.

Huschai fuhr fort: „Also ließ der Rebell auf dem Dach dieses Hauses ein Zelt aufstellen. Und er ging mit allen zehn Konkubinen hinein ... eine nach der anderen kam an die Reihe ... während ganz Israel zuschaute.“

Batseba fragte sich, wie die Väter der Konkubinen empfinden mussten. Vielleicht waren sie damit einverstanden. Sie hatten ihre Töchter einem König überlassen in der Hoffnung, Einfluss zu gewinnen. Warum nicht einem anderen? Der König, der ihnen die meisten Vergünstigungen versprach, sollte ihre Töchter haben. In diesem Fall hatten sich die Väter allerdings verrechnet.

Aber was war mit den armen Mädchen? Sie waren noch so jung und hatten ihr Leben erst vor sich. Wie alle jungen Frauen hatten sie bei Entscheidungen, die ihr Leben betrafen, nichts zu sagen. Waren die Entscheidungen gut, wurden sie glücklich; waren sie schlecht, mussten sie leiden. In diesem Fall waren die Entscheidungen schlecht gewesen. Das wurde an Davids Antwort deutlich.

„Lasst ihnen ein Haus in der Stadt errichten. Dort werden sie auf unsere Kosten leben. Man wird ihnen nichts antun. Doch sie werden niemals heiraten.“

Er wandte sich an Schewa, seinen jungen Schreiber, der mit überkreuzten Beinen auf der Kante des Podestes saß, die Schriftrolle auf dem Schoß und einen Federkiel in der Hand.

„So sei es, und so soll es in den Chroniken des Königs festgehalten werden.“

Viele Entscheidungen Davids endeten mit diesen Worten! Die Chroniken wurden immer länger. Schewa hatte einen älteren Schreiber abgelöst, der ernannt worden war, als David nach Jerusalem gekommen war. Alles wurde aufgeschrieben. Wenn die Schriftrollen erhalten blieben, überlieferten sie späteren Generationen die Taten des Königs. Allerdings nur die guten Taten.

Batseba runzelte die Stirn. Und die schlechten Taten? Wie die eine große Sünde, die Davids sonst so glanzvolles Leben überschattete? Damals, als sie zum ersten Mal in den Palast gekommen war?

Sie hatte gehört, dass dieser unglückselige Vorfall dennoch mündlich überliefert wurde. Seit den Zeiten des Mose hielten die Menschen einen Brauch ein: Am Sabbat versammelte sich die Familie, und das Familienoberhaupt erzählte die Geschichte Gottes mit seinem Volk, die er Wort für Wort aus dem Gedächtnis zitierte. Es begann mit der Erschaffung der Welt, der Geschichte von Adam und Eva, und ging weiter mit Abraham, Jakob, Mose und Josua. Inzwischen wurde offenbar auch Davids Geschichte erzählt, darunter die von seinem Ehebruch mit Batseba.

In die offiziellen Chroniken des Königs wurde diese peinliche Geschichte nie aufgenommen, und Batseba war erleichtert darüber. Die schriftlichen Überlieferungen würden ja sicher lange erhalten bleiben, aber die mündlichen? Vermutlich nicht. Und doch … waren sie nicht bisher von Generation zu Generation weitergegeben worden?

Batseba zuckte die Achseln. Sie konnte nichts daran ändern. Warum sollte sie sich also den Kopf darüber zerbrechen? Dafür gab es Wichtigeres.

Sie blickte zum Podest hoch, wo ihr Sohn Salomo neben seinem Vater stand, solange die Regierungsgeschäfte abgewickelt wurden. Er war der einzige Prinz weit und breit. Selten erschienen die anderen bei Hofe, um sich um die Angelegenheiten des Königreichs zu kümmern. Nicht einmal Adonija, der Thronfolger.

Wo war Adonija? Vermutlich draußen bei den Truppen. Krieg üben. Oder vielleicht zog er durch die Straßen von Jerusalem wie einst Absalom – stolzen Hauptes in seinem Streitwagen, mit fünfzig jungen Männern, die vorangingen und die Jubelrufe der Menschen entgegennahmen.

Eigentlich gehört Adonija hierher, dachte Batseba, *er muss sich darauf vorbereiten, sein Land zu regieren.* Aber er fehlte. Nur Salomo war da. Noch immer gingen Gerüchte um, dass Salomo, und nicht Adonija, der nächste König über Israel werden sollte. Batseba nahm sich vor, David bei nächster Gelegenheit darauf anzusprechen.

Die Gelegenheit ergab sich noch am selben Abend. David kam wie gewöhnlich nach den Tagesgeschäften zu ihr ins Zimmer. Müde und häufig entmutigt von den Lasten, die sein Land drückten, fand er bei Batseba Ruhe und Stärkung.

„Wie stellst du dir Salomos Zukunft vor?" Batseba nahm seine Hand in die ihre.

Er schaute sie an und lächelte traurig. „Ich weiß nicht. Was ist Jahwes Wille für ihn? Ich muss Nathan fragen."

„Ich werde mit Nathan reden, wenn du möchtest. Wahrscheinlich sehe ich ihn morgen früh im Hof."

Seit ihrer Rückkehr in den Palast vor wenigen Tagen hatten Batseba und Nathan ihre gemeinsamen Morgenspaziergänge wieder aufgenommen. Sie hatten über vieles geredet – über die Palastintrigen, das Tagesgeschehen bei Hofe, die zögerliche Haltung der nördlichen Stämme, Davids erneute Regentschaft zu akzeptieren. Aber sie hatten nie über Salomos Zukunft geredet.

Also begann sie am nächsten Morgen ihre Diskussion mit dem alternden Propheten mit einer Frage: „Ehrenwerter Herr", Batseba wählte eine Anredeform, die ihr für den angesehenen Propheten passend erschien. „Der König macht sich über seinen Sohn Salomo Gedanken. Und ich auch. Was hält die Zukunft für ihn bereit? Hat Jahwe seinen Willen dazu offenbart?"

Der alte Mann nickte. „Gott hat zu mir gesprochen. Da ist kein Zweifel. Salomo wird der nächste König über Israel sein."

Batseba zuckte zusammen, aber eigentlich war sie nicht überrascht.

„Seid Ihr sicher?"

Wieder nickte er. „Jahwe bereitet den Jungen schon seit vielen Jahren darauf vor. Er hat Salomo weitaus mehr Weisheit gegeben, als den meisten Männern. Er wird ein großer König sein – so groß wie sein Vater."

„Aber was ist mit Adonija? Und den anderen Prinzen?“

Nathan zuckte die Achseln. „Wer kann den Rat Gottes ergründen? Ich nehme sein Wort einfach an; das ist mir genug.“

„Aber ... den Thron zu besteigen – bedeutet das ...?“

In den Augen des Propheten blitzte noch etwas von dem Feuer, das in seiner Jugend darin gebrannt hatte. „Das bedeutet: Gott hat den König noch nicht abschließend für seine große Sünde bestraft. Da wird noch etwas nachkommen.“

Batseba schüttelte den Kopf. Tränen rannen unaufhaltsam ihre Wangen hinab. Nein, so etwas wollte sie nicht hören. In ihrem hohen Alter wollte sie einfach nur Frieden. Frieden für sich selbst – und für ihren Mann. Hatten sie nicht schon genug gelitten?

Am Abend berichtete sie David, was der Propheten gesagt hatte.

David zupfte mit Daumen und Zeigefinger an seinem angegrauten Bart. „Das überrascht mich“, sagte er. „Nicht dass Salomo der nächste König sein wird. Ich glaube, das habe ich schon immer gewusst. Mich überrascht, dass Gott mich immer noch für meine Sünde strafen will. Wann soll das nur enden? Aber ich verspreche dir: Ich werde alles tun, um Salomo auf den Thron zu bringen. Friedlich. Ohne Blutvergießen.“

„Und Adonija?“

David schaute zu Boden. „Wir werden sehen. Gottes Wille geschehe.“

16

Wie ein Eitergeschwür breiteten sich in den folgenden Jahren Unmut und Rebellion unter den nördlichen Volksstämmen Israels aus. Sie waren verstimmt darüber, dass David den Stamm Juda bevorzugte. Der König vergab viele Führungsposten an Judäer. Besonders verstimmt waren sie über Amasa, den Oberbefehlshaber, der Joab ersetzt hatte.

Die ganze Zeit über blieb Joab dem König treu ergeben. Er und sein Bruder Abischai waren die Befehlshaber der persönlichen Leibgarde Davids geworden. Joab murrte allerdings des Öfteren über seine Degradierung und die Art, wie Amasa das Heer befehligte. Der neue Oberbefehlshaber mochte vielleicht ein großer Krieger sein – als General war er ungeeignet.

„Wenn Joab doch nur das Sagen hätte", hörte man in weiten Kreisen, „ginge alles seinen richtigen Gang. Das stehende Heer ist wie ein Mann ohne Kopf."

Das Heer schien in zwei Lager gespalten: diejenigen, die mit Absalom die Rebellion durchgeführt hatten, und diejenigen, die David gegenüber loyal geblieben waren. Schließlich revoltierten einige der loyalen Anhänger gegen Amasas Führungsstil.

David erhielt Nachricht über die Spaltung und den Aufruhr im Heer. Mit traurigem Gesicht saß er auf dem Thron in der Versammlungshalle und hörte dem Gesandten zu.

„Ich dachte, wir hätten endlich Frieden in Israel", seufzte er schließlich. „Offenbar ist dies nicht der Fall. Wer führt den Aufstand an?"

„Ein Mann aus Benjamin, mein König. Scheba ben Bichri."

„Nie gehört. Ist er noch einer von der alten Garde, die vor vielen Jahren König Saul gefolgt sind?"

„Ich weiß es nicht, mein König."

„Ich kenne ihn, David." Joab trat entschlossen vor, stellte sich vor das Podest und sah den König an. Er war kaum gealtert, bemerkte Batseba, die ganz hinten zwischen den Höflingen stand. Durch Haare und Bart zogen sich graue Strähnen, aber er stand noch immer aufrecht und stolz da und ging auch nicht gebeugt, wie es viele Gleichaltrige schon taten. Aus seinen Augen strahlte immer noch das Feuer, das sein eigentliches Wesen widerspiegelte. Von allen Höflingen nannte nur er den König bei seinem Vornamen.

„Woher kennst du ihn, Joab?", fragte der König.

„Er ist mir vor nicht allzu langer Zeit begegnet ... Nicht einmal seine eigenen Benjaminiter folgen ihm. Er wollte, dass ich seine Revolte anführte. Ich habe ihm gesagt, er soll sich aus dem Staub machen."

Batseba runzelte die Stirn. *Du hättest ihn töten sollen. Sieht dir gar nicht ähnlich, dass du es nicht getan hast.*

Offensichtlich dachte David dasselbe. „Warum hast du ihn nicht an Ort und Stelle getötet?", fragte er.

„Ich wünschte, ich hätte es", knurrte Joab. „Er war so eine schleimige alte Schlange, dass ich dachte, er würde jeden Moment wieder zwischen die Felsen gleiten."

Batseba lächelte und bemerkte auch das Lächeln auf den Gesichtern vieler Höflinge.

„Lass mich diesen Esel mit deiner Leibwache verfolgen", fuhr Joab fort. „Ich mache ihn zu Brei, bevor ich ihm den Kopf abhacke!"

Diesmal fingen einige an zu kichern. Joab drehte sich um und funkelte die an, die seine Worte nicht ernst genommen hatten.

David schüttelte den Kopf. „Nein, nicht du, Joab. Das würde nur noch mehr Aufstand geben, und alles, was ich will, ist Frieden. Amasa, nimm ein paar Krieger und versuche, diesen kleinen Aufruhr im Keim zu ersticken. Versuch es mit Überzeugungskraft, nicht mit Gewalt. Wo ist dieser Scheba jetzt?"

Der Gesandte erwiderte: „In Gibeon, mein König."

Gibeon. Eine kleine Stadt nur ein paar Kilometer nordwestlich von Jerusalem. Das würde nicht lange dauern.

„Drei Tage", sagte David leise. „Länger wirst du wohl nicht brauchen, Amasa. Und ... geh behutsam vor! Ich will nicht, dass dieser Funke zu einem Flächenbrand wird. Hast du verstanden?"

„Ja, mein König." Amasa drehte sich um und verließ den Thronsaal.

Er hätte Joab und die Leibwache schicken sollen, dachte Batseba. Ein schneller, unauffälliger Mord – das war Joabs Stil. Amasa würde viel Aufhebens darum machen.

Drei Tage vergingen, und noch immer keine Nachricht von Amasa. Dann eine Woche. David war aufgebracht.

„Warum braucht er so lange?", sagte er eines Abends im Schlafzimmer zu Batseba. „Er müsste schon längst zurück sein."

„Du hättest Joab gehen lassen sollen. Er hätte alles schnell erledigt. Außerdem braucht Joab etwas zu tun, irgendetwas, wodurch du ihm zeigst, dass du ihm vertraust."

David grinste. „Du klingst ja wie Salomo. Das hat er mir letzte Woche auch gesagt."

„Noch ist es nicht zu spät."

David schüttelte den Kopf. „Ich glaube nicht, dass es klug wäre, Amasa und Joab gemeinsam an die Spitze eines kleinen Strafkommandos zu setzen. Nicht einmal Abischai könnte es schaffen, dass sie friedlich zueinander sind."

„Bist du dir sicher, dass es nur eine kleine Revolte ist? Vielleicht hat sie sich mittlerweile zu einem richtigen Aufstand entwickelt?"

David zupfte an seinem Kinn. „Ich weiß es nicht. Aber du könntest Recht haben. Ich werde Nathan fragen."

In der Vergangenheit hatte er immer Erfolg gehabt, wenn er Nathan nach einem Wort Gottes gefragt hatte. Das würde er jetzt wieder tun.

Am nächsten Tag, als er Nathan um Rat gefragt hatte, übertrug David Abischai die Aufgabe, seine Leibwache nach Gibeon zu bringen.

„Halt mich auf dem Laufenden", wies er seinen Neffen an. „Amasa lässt mich im Dunkeln tappen. Ich weiß nicht, was da los ist."

„Ja, mein König."

„Und pass bitte auf Joab auf. Du weißt, wie er zu Amasa steht. Im Moment herrscht Frieden in Israel. Den möchte ich nicht aufs Spiel setzen."

Zwei Tage später kam ein Bote in den Palast. Von Abischai.

„Scheba ist nach Norden geflohen", berichtete Abischais Bote.

„Und Amasa? Was ist mit ihm?"

„Tot, mein König."

„Durch wessen Hand?"

Batseba schauderte, als sie die Frage hörte. Sie kannte die Antwort bereits.

„Es war Joab, mein Herr und König."

Im Thronsaal hätte man eine Stecknadel fallen hören können, als der Bote erzählte.

„Amasa hatte das Heer von Juda mobilisiert, dem Rebellen Scheba zu folgen. In Gibeon hatte er sein Lager aufgeschlagen, um den Feldzug zu organisieren und vorzubereiten."

„Feldzug?" David verzog das Gesicht. „Das war nur eine kleine Mission, keine große Militäraktion."

Der Bote schluckte schwer. Er kannte die größeren Zusammenhänge nicht. Er wusste nur, was er gesehen hatte und was Abischai ihm aufgetragen hatte zu erzählen.

„Als Joab mit Amasa zusammentraf, küsste er ihn. Gleichzeitig stach er ihn nieder. Sein Messer zerriss ..."

Batseba schauderte und hielt sich die Ohren zu. Sie wollte die grausigen Einzelheiten gar nicht mitbekommen. Aber sie konnte sich ausmalen, was passiert war. Joab und Amasa waren von Anfang an Davids Begleiter gewesen. Sie gaben sich also einen Begrüßungskuss. Und während Joab mit der einen Hand den Oberbefehlshaber am Bart festhielt, zog er mit der anderen den Dolch ... Entsetzlich!

„Dann nahm Abischai seine Männer und zog nach Norden hinter Scheba her. Er ließ Amasas Leichnam blutüberströmt auf der Straße liegen. Ein junger Offizier wurde zurückgelassen, um das Heer Judas vor die Wahl zu stellen – entweder Joab zu folgen, oder dasselbe Schicksal zu erleiden wie Amasa."

Der Bote sah, wie David die Stirn runzelte, und beeilte sich mit seinem Bericht: „Viele aus Juda blieben zögernd stehen, starrten Amasas Leichnam an und wussten nicht, was sie tun sollten. Also zog der Offizier die Leiche an den Straßenrand und bedeckte sie mit einem Mantel. Da gingen die Menschen aus Juda einfach vorbei und folgten Abischai. Aber ich bin hierher gekommen, um Euch Bericht zu erstatten, mein König."

Sofort riefen die empörten Höflinge im Thronsaal, Joab solle zurückbeordert, ja mit dem Tode bestraft werden. Aber Joab war nicht da. Er war kilometerweit entfernt, oben im Norden, und würde vermutlich selbst dann nicht kommen, wenn er dazu aufgefordert würde.

„Wir warten ab", sagte David.

Das war alles, was er tun konnte. Batseba wusste so gut wie alle anderen, dass Joab am ehesten mit dem Aufstand fertig würde. Wenn er Erfolg hätte, würde er sogar auf Begnadigung hoffen können. Eines musste man Joab lassen: Er mochte ein Mörder sein, aber er war David immer treu ergeben. Und er hielt seinen König auf dem Laufenden. Fast täglich kam ein Bote an den Hof mit Nachrichten von der Front. Und die Berichte sprachen dafür, dass Joab – und nicht Abischai – das Sagen hatte.

Scheba und seine Rebellen waren in den hohen Norden gezogen, noch weiter als der See Genezareth. Dem Anschein nach waren sie nur eine kleine Schar, zumeist aus Schebas eigenem Stamm. Berichte über große Zahlen von Israeliten, die an dem Aufstand beteiligt sein sollten, waren offensichtlich falsch, oder aber sie waren zusammengeschmolzen, als sie erfuhren, dass sich das Heer von Juda – und speziell die Elite-Leibwache des Königs – aufgemacht hatte, um ihnen entgegenzutreten.

Schließlich kam die Nachricht, dass die Beute in der Falle saß – in der befestigten Stadt Abel in Bet-Maacha. Joab, der in dieser Art Kriegsführung seine Erfahrung hatte, baute eine Belagerungsrampe und bereitete sich darauf vor, die Mauern dem Erdboden gleichzumachen. Doch dann nahmen die Berichte von der Front eine überraschende Wendung.

„Auf der Mauer erschien eine Frau“, berichtete ein Bote, „und fragte nach Joab. Nach keinem anderen als nach Joab. Und er kam hervor und sprach mit ihr.“

Batseba hörte dem Bericht des jungen Kriegers interessiert zu.

„Die Frau sagte zu Joab: ‚Dies ist die Stadt Abel. Seit Jahren schon hat unser Volk den Ruf, weise zu sein. Und wir haben schon viele Menschen beraten. Wir waren immer friedlich und unserem König treu ergeben. Warum also willst du eine Stadt vernichten, die eine Mutter Israels ist?‘“

Der Ausdruck ‚Mutter Israels‘ erinnerte Batseba an Debora, jene kluge Frau, die mehr als hundert Jahre zuvor Richterin in Israel gewesen war. Man hatte sie *Mutter Israels* genannt.

David, den der Bericht über die Worte der weisen Frau offensichtlich beeindruckte, erhob sich. „Ich habe schon von Abel gehört, und von seinem Ruf, weise zu sein. Die Stadt wird in Israel auch wirklich ‚Mutter‘ genannt. Viele Kleinstädte in der Umgebung suchen bei ihr Rat und Schutz.“ Er rieb sich das Kinn. „Und was hat Joab geantwortet?“

„Mein Herr und König“, erwiderte der Bote, „er entgegnete: ‚Es liegt mir fern, überhaupt eine Stadt zu vernichten! Wir wollen nur einen Mann, der in euren Mauern Zuflucht gesucht hat. Dieser Mann, Scheba ben Bichri, hat sich gegen König David aufgelehnt. Wenn ihr ihn uns übergebt, gehen wir und lassen eure Stadt in Frieden!‘“

David, der immer noch stand, trat auf dem Podest zwei Schritte nach vorn. „Und hat sie getan, worum Joab sie gebeten hat?“

Der Soldat nickte. „Ja, Herr. Nur wenige Stunden später flog Schebas Kopf über die Mauern und landete dicht neben Joab."

David nickte. „Und dann?"

„Joab blies ins Horn, mein Herr und König. Und wir haben uns alle von der Stadt zurückgezogen. Die Truppen sind jetzt auf dem Heimmarsch, und ich bin voraus gelaufen."

Auf Davids Gesicht breitete sich ein Lächeln aus. „Gelobt sei Gott! Jerusalem soll sich darauf vorbereiten, die glorreiche Heimkehr unseres Heeres zu feiern! Und niemand soll etwas gegen Joab sagen, der jetzt – und für immer – mein Oberbefehlshaber ist!"

Während der Thronsaal von Jubelrufen und Freudengeschrei widerhallte, schaute Batseba sich das Gesicht ihres Mannes aufmerksam an. Er war augenscheinlich erleichtert, dass der Aufstand vorüber war. Aber mehr noch war er darüber erleichtert, dass Joab entlastet war. David hatte seinen impulsiven und gewissenlosen Neffen immer geliebt, trotz seiner vielen abscheulichen Taten. Die Morde an Absalom und Amasa waren vergeben.

Als das Heer zurückgekehrt war, feierte die ganze Stadt. Menschenmengen säumten die Straßen, während die Soldaten durch das Taltor einzogen und auf den Palast zu marschierten. Viele Einwohner wedelten mit Palmzweigen und lobten lauthals Gott und David und Joab; einige zogen sogar ihre Mäntel aus und breiteten sie über die Straße, damit Joab darüber schritt.

Batseba seufzte. Endlich Frieden! Wenn dies doch das Ende aller Rebellion wäre … und das Ende von Gottes Strafe!

17

Salomo wurde mit Riesenschritten erwachsen; niemand nannte ihn jetzt mehr einen Jungen. Sein seidiges schwarzes Haar und der Bart verliehen seinen Gesichtszügen etwas Vornehmes, vor allem seit er den Bart stutzte und spitz zulaufen ließ. Mit seinem schmalen asketischen Gesicht sah er seiner Mutter ähnlicher als seinem Vater David.

Wenn Batseba den jungen Mann anschaute, konnte sie kaum eine Ähnlichkeit mit David entdecken. Sie fragte sich, warum im Palast nicht das Gerücht umging, Salomo sei eigentlich der Sohn von Uria, dem Hetiter. Das war unmöglich, denn Salomo war der zweite Sohn von David und Batseba, nachdem der erste als Säugling gestorben war. Aber wenn Menschen Gerüchte verbreiten, lassen sie sich selten durch Tatsachen abschrecken. Und da waren viele Gerüchte im Umlauf.

Ein Alter behauptete, Daniel, der Sohn von Königin Abigail, sei nicht Davids Abkömmling, sondern ein Sohn von Nabal, also von Abigails erstem Mann. Es hätte Batseba nicht überrascht, wenn ähnliche Gerüchte über Salomo kursierten – die vielleicht seine Feinde in die Welt gesetzt hatten.

Feinde? Hatte Salomo Feinde? Möglicherweise sein Halbbruder Adonija, nachdem sich herumgesprochen hatte, dass Salomo – und nicht Davids ältester Sohn – Thronfolger werden sollte.

Batseba hatte letztendlich akzeptiert, dass Salomo der nächste König werden sollte. Es war Jahwes Wille. Der Prophet Nathan sagte das. Auch David hatte es gesagt. Und sogar der angesehene Berater Huschai hatte davon gesprochen – auf dem Totenbett … Und man pflegte die letzten Worte eines Menschen zu respektieren.

Alle redeten davon, so schien es Batseba, nur Salomo nicht. Der junge Mann äußerte sich gar nicht zu dem Thema. Klug, wie er war, überließ er anderen das Reden.

Vor etlichen Jahren hatte Salomo – wie all die anderen jungen Männer in Israel – das Kriegshandwerk erlernt. Er war geschmeidig und flink und kämpfte geschickt, doch im Gegensatz zu den anderen war er nicht mit dem Herzen dabei. Er war ein Mann des Friedens.

Wie hatte Salomo es vor vielen Jahren auf den Punkt gebracht? „Wer kämpfen muss, um einen Streit beizulegen, ist nicht klug genug, um ihn friedlich zu lösen." Später wurden viele Aussprüche von ihm gesammelt, an die Batseba sich nicht immer erinnern konnte. Aber diesen einen hatte sie ihn tatsächlich mehr als einmal sagen hören.

Salomo hatte seinen Platz unter den Beratern am Thron eingenommen. Sein glänzend schwarzes Haar stach zwischen den grauen Bärten hervor, und doch gehörte er dazu. Nicht nur weil er der Sohn des Königs und möglicherweise selbst der nächste König war, sondern weil ihm seine Weisheit und Intelligenz Achtung verschafften. Dem König war der Rat seines Sohnes offenbar mehr wert als die Ratschläge der anderen Berater.

Wie verhielt sich Adonija in dieser Situation? Würde er demütig die weit verbreitete Auffassung akzeptieren, dass Gott sich Salomo als nächsten König ausgewählt hatte? Nein, im Gegenteil. Der eitle Prinz jagte immer noch mit seinem Streitwagen durch die Straßen Jerusalems, ließ sich bejubeln – und erinnerte auf fatale Weise an Absalom.

Wenn man den Gerüchten glauben konnte, hielten manche ihn für besser geeignet als Salomo, doch das lag wahrscheinlich mehr an seiner stattlichen Erscheinung und der Ähnlichkeit mit dem jungen David als an seiner Weisheit. Selten tauchte er im Thronsaal auf, wenn Staatsangelegenheiten besprochen wurden.

Batseba fragte sich, ob ihre Befürchtungen begründet waren, dass Salomo, um König zu werden, über die Leichen seiner Brüder gehen würde. Sie schauderte. Das wäre die schlimmste Strafe Gottes für Davids Sünde, die ihre ansonsten glückliche Ehe so sehr überschattete.

Je älter David wurde, desto friedlicher ging es in seinem Königreich zu. Es gab keine weiteren Aufstände im eigenen Land, keine Grenzen zu verteidigen, keine Invasion von feindlichen Heeren abzuwehren. Wenn es Unstimmigkeiten mit fremden Nationen gab, versuchte David sie auf diplomatischem Wege beizulegen. Wohlstand und Zufriedenheit breiteten sich in Israel aus, und das spiegelte sich auch im gesellschaftlichen Leben bei Hofe wider.

Batseba genoss die Gemeinschaft mit den anderen Frauen am Hof – eine solche Verbundenheit hatte sie seit der Zeit vor ihrer Hochzeit nicht mehr erlebt. Schua war wieder ihre beste Freundin. Die meisten Leute nannten sie „Königin Batseba". Sie freute sich über diesen Titel, allerdings bedeutete es ihr nicht mehr so viel wie in jungen Jahren. Liebe und Freundschaft waren ihr wichtiger als Ehrerbietung.

Der Hof wurde nun tagsüber zu ihrem Lieblingsplatz. Dort trafen sich die Frauen und schwatzten, während die Männer im Thronsaal die Staatsangelegenheiten regelten. Oft hatten die Frauen die Probleme des Landes schon gelöst, während die Männer noch darüber stritten.

Eines Tages kam Davids Frau Haggit zu Batseba. Ihr Haar war inzwischen ergraut, das Gesicht faltiger geworden; langsam und mühevoll bewegte sie sich vorwärts.

„Königin Batseba." Dass Haggit diese offizielle Anrede benutzte, ließ nicht nur erkennen, dass sie Batsebas Stellung bejahte, sondern verriet auch eine Spur von Angst. Schließlich war sie Adonijas Mutter.

Batseba lächelte. „Ja, Haggit? Ist alles in Ordnung?"

„Ja, meine Königin." Haggit zögerte, fuhr dann aber aufgeregt fort: „Also … Nein, Herrin! Es … Also, du weißt genauso gut wie ich, dass unsere Söhne Rivalen um den Thron sind. Wenn unser Herr und König stirbt, wird einer an seine Stelle treten."

Batseba nickte. Dass Haggit das Thema zur Sprache brachte, zeigte, wie besorgt sie war. Bisher hatte sie sorgfältig vermieden, darüber zu reden.

„Kann ich … hmm … einen Vorschlag machen? Wenn einer unserer Söhne König ist – wer auch immer –, dann soll zwischen uns immer noch Freundschaft herrschen. Und … Frieden."

Batseba nickte. Sie verstand, was Haggit sagen wollte. Wenn rivalisierende Parteien um den Thron stritten und einer sich durchsetzte, so wurden der Verlierer und seine Anhänger häufig hingerichtet, um spätere Aufstände zu verhindern. In den meisten Ländern wurde diese Form der Konfliktvermeidung praktiziert; auch in Israel war es möglich.

„Ich kann dir versichern, Haggit, dass Frieden herrschen wird." Lächelnd versuchte Batseba, die besorgte Frau zu beruhigen. „Unsere Söhne sind beide klug genug, um das Probleme anders zu lösen."

„Ja, das stimmt." Haggit schaute immer noch besorgt drein, und Batseba wusste, dass sie noch nicht überzeugt war. „Zwischen uns soll Frieden herrschen. Und wenn du mit Salomo redest, rede ich mit Adonija. Es soll Frieden herrschen."

Als Haggit gegangen war, runzelte Batseba die Stirn. Warum war sie heute zu Batseba gekommen? Wusste sie etwas, von dem sonst niemand wusste? Sie ließ ihren Blick über den Hof schweifen. Alle schienen wie immer zu schwatzen und zu lachen. Warum auch nicht? Alles war in bester Ordnung ...

Die heitere Stimmung wurde jäh unterbrochen. Nathan trat plötzlich in den Hof; er humpelte, denn seine alten Beine konnten ihn kaum noch tragen. Trotz seiner nachlassenden Körperkraft sprühte aus seinen Augen immer noch das alte Feuer.

Im Hof wurde es still, während sich die Frauen zu ihm umwandten. Einige sperrten den Mund auf, andere verneigten sich ehrerbietig.

„Hinaus mit euch!", brüllte der Prophet mit befehlsgewohnter Stimme. „Hinaus mit euch allen – los jetzt!"

Hastig zogen sich die Frauen zurück, durch die nächstbeste Tür verschwanden sie im Innern des Palastes. Alle außer Batseba. Sie vermutete, der Prophet wolle mit ihr reden. Sie war die einzige Frau im Palast, die keine Angst vor diesem alten Seher hatte.

Nathans grimmiger Blick wurde etwas weicher, als er sie sah. Er kam zu der Bank hinüber, auf der Batseba saß.

„Herrin!", stieß er hervor, und Batseba entging nicht die Aufregung in seiner Stimme. „Es ist so weit!"

„Was ist so weit, mein Herr Nathan?"

Nathans Lippen bewegten sich nervös; sein grauer Bart ragte hervor.

„Adonija. Haggits Sohn. Er ist jetzt König über Israel."

„Was?" Batseba stand auf. „Was heißt das?"

„Heute hat er sich selbst zum König ernannt. Der Priester Abjatar hat ihn mit dem heiligen Öl gesalbt ... Nicht einmal unser Herr David weiß es bis jetzt."

Batseba stockte der Atem. Sie dachte an das, was Haggit ihr

noch vor wenigen Minuten gesagt hatte. Hatte sie von Adonijas Plänen gewusst? Nathans nächste Worte trafen sie wie ein Schlag ins Gesicht.

„Dein Leben ist in Gefahr, Herrin. Und das Leben deines Sohnes Salomo."

Dann waren Haggits Worte also nicht bloß fromme Wünsche gewesen. Die Bedrohung des Verlierers in diesem Machtkampf war echt.

„Was ... was sollen wir jetzt tun?", stammelte sie nervös.

„Du musst genau das tun, was ich dir sage." Nathan blickte sie verschwörerisch an. „Geh zum König. Sofort. Und sag zu ihm: ‚Hast du mir nicht versprochen, dass unser Sohn Salomo der nächste König wird? Warum beansprucht Adonija jetzt den Thron Israels?' Und während du noch redest, werde ich hereinkommen und ihm genau dasselbe sagen."

Als Batseba die Treppe zum Schlafzimmer im zweiten Stock hinaufstieg, zitterte sie. Vor Angst? Ja. Aber auch vor Aufregung. Sie war sich sicher, dass Jahwe Salomo zum König bestimmt hatte. Sollte sich sein Geschick auf diese Weise erfüllen?

18

David war heute im Schlafzimmer geblieben; er hatte gar nicht erst versucht, sich auf den Weg in den Thronsaal zu machen. Er verbrachte in letzter Zeit häufiger den Tag auf seinem Ruhelager. Seine Berater wurden dann zur Besprechung in das große Schlafzimmer bestellt. Viele Staatsangelegenheiten wurden von hier aus geregelt.

David ruhte sich gerade aus, als Batseba eintrat. Einige Männer standen an den Wänden oder auf dem Flur, warteten auf ein Zeichen des Königs, dass er die Geschäfte fortführen könne.

„Mein Herr und Ehemann", begann sie zaghaft und setzte sich neben ihn auf das Bett.

Er öffnete sogleich die Augen; offenbar hatte er nicht geschlafen.

„Schick die anderen aus dem Zimmer“, flüsterte sie. „Ich habe dir etwas Wichtiges mitzuteilen.“

David erhob die Stimme und schickte alle hinaus. *Wenn er auch nicht mehr viel Kraft in seinem Körper hat,* dachte Batseba, *so hat er doch immer noch eine kraftvolle Stimme – und ebenso viel Willenskraft.* Er sprach den Befehl ohne Zögern aus, einfach nur, weil sie ihn darum gebeten hatte – aus lauter Liebe und Respekt ihr gegenüber.

„Was hast du auf dem Herzen?“, fragte er sachte, als alle gegangen waren.

Sie atmete tief ein. „Mein Herr und Ehemann, erinnerst du dich an deinen Schwur vor Gott, dass Salomo der nächste König über Israel wird?“

Er nickte und sagte nichts.

Sie fuhr fort: „Vermutlich weißt du es noch nicht ... Adonija hat sich gerade zum König ernannt.“

„Was?“ David richtete sich im Bett auf.

„Es stimmt, mein Mann. Der Priester Abjatar hat ihn gerade gesalbt. Adonija ist damit König über Israel – außer wenn du etwas dagegen unternimmst. Rasch.“

David starrte zum Fenster hinaus und massierte mit Daumen und Zeigefinger sein Kinn. Sein Bart war jetzt ganz grau, und nicht einmal das Öl, das er benutzte, konnte verbergen, wie spärlich sein Haarwuchs noch war.

„Ganz Israel schaut jetzt auf dich, mein Ehemann. Du muss etwas unternehmen – jetzt. Denn alle warten auf ein Wort von dir. Wer soll der nächste König über Israel sein?“

David starrte noch immer an ihr vorbei. Seine Augen unter seinen weißen buschigen Brauen waren zu Schlitzen verengt. Noch immer sagte er nichts.

„Und noch etwas, David.“ Sie zögerte, setzte dann aber doch alles auf eine Karte: „Salomo und ich – also, unser Leben ist in Gefahr. Du weißt, was mit den Familien der Gegenpartei geschieht, wenn der König ins Reich seiner Väter eingeht. Wir ... wir werden als Übeltäter betrachtet.“

„Mein Herr und König!“ Schewa, Davids junger Schreiber, betrat plötzlich das Zimmer. „Der Prophet ... Nathan ... besteht darauf, Euch zu sehen.“

David nickte, doch bevor er etwas sagen konnte, hatte Nathan sich schon hereingedrängt. Er schwankte leicht, als er sich andeutungsweise vor seinem König verbeugte.

„Mein Herr und König. Hast du deinen Sohn Adonija zu deinem Nachfolger als König bestimmt? Hast du ihn erwählt, nach dir auf dem Thron Israels zu sitzen?"

David drehte sich zu dem Propheten um.

Noch bevor er etwas sagen konnte, fuhr Nathan fort: „Hör zu, was dein Sohn Adonija getan hat. Er zog heute Morgen zur Rogelquelle. Dort brachte er ein gewaltiges Opfer dar: viele Ochsen, fette Ziegen und Schafe. Er lud wichtige Leute dazu ein, darunter auch Joab. Und dann hat ihn Abjatar, der Priester, mit dem heiligen Öl zum König gesalbt. Sie feiern und rufen: ‚Lang lebe König Adonija!'"

David neigte den Kopf und schloss die Augen. Batseba beobachtete sein Gesicht und sah, wie er Lippen und Kiefer anspannte. Schließlich schlug er die Augen auf und sagte: „Batseba."

„Ja, mein Ehemann?"

„Bei Jahwe, dem lebendigen Gott, schwöre ich dir aufs Neue, dass unser Sohn Salomo auf dem Thron Israels sitzen wird. Dafür werde ich sorgen – heute noch."

„Danke, Liebster. Der König lebe immer und ewig."

Sie hatte die offizielle Anrede für den König gebraucht. Er schnaubte, als er die Worte hörte, wusste er selbst doch am ehesten von seiner eigenen Sterblichkeit.

Er rief Schewa, den Schreiber, und gab ihm die Anweisung, Salomo und die Ältesten herbeizuholen, die noch in Jerusalem waren. Auch Benaja, der Hauptmann seiner Elite-Leibwache, wurde einbestellt und Zadok, der andere Priester.

„Geht", befahl er ihnen, und seine Stimme klang stark und respekteinflößend. „Geht zur Gihonquelle. Schart das Volk um euch. Salbt Salomo mit dem heiligen Öl und erklärt ihn feierlich zum König von Israel. Zum König meiner Wahl. Dann blast die Trompete und zieht auf dem Rückweg durch die Straßen Jerusalems und ruft: ‚Lang lebe Salomo, der neue König Israels!'"

Benaja, Hauptmann der Leibgarde, sprach für sie alle. „Gelobt sei Gott!", rief er. „So wie Gott immer mit dem jetzigen

König war, so soll er auch mit dem neuen sein! Und möge Salomos Herrschaft noch herrlicher sein als Eure!"

Im Chor stimmte die aufgewühlte Gesellschaft ihm zu. Dann machten sie sich auf den Weg, um ihren Auftrag zu erfüllen.

David lehnte sich zurück in seine Kissen, das Gesicht blass und angespannt. Er streckte die Hand aus, und Batseba ergriff sie unverzüglich.

„Geh aufs Palastdach", flüsterte er. „Beobachte von dort, was geschieht. Dann komm wieder her und erzähl es mir."

„Ja, mein Ehemann."

Als Batseba sich auf den Weg machte, seufzte sie. Nun war es so weit: Ihr Sohn wurde heute zum Mitregenten seines Vaters ernannt. Aber ... ging das ohne Blutvergießen ab?

Vom Dach aus konnte Batseba fast die ganze Stadt Jerusalem überblicken. Im Südosten waren Rauchschwaden zu sehen, von denen sie wusste, dass sie von En Rogel im Kidrontal stammten. Vermutlich die Überreste des Opfers, das der Priester Abjatar morgens nach der Salbung Adonijas dargebracht hatte. Sie schauderte. Zwei Salbungen an einem Tag. Das konnte nur Blutvergießen bedeuten.

Sie wandte sich nach Nordosten, zum Wassertor, wo schon so bedeutende Ereignisse stattgefunden hatten. Sie konnte nicht über die Stadtmauer hinweg sehen, denn dort führte die Straße steil ins Tal hinunter, um dann zum Ölberg hin wieder anzusteigen. In diesem Tal lag die Gihonquelle, wo auf Davids Geheiß hin Salomo gesalbt werden sollte.

Sie wartete, während die Sonne heiß vom Himmel brannte. Über der Stadt hing eine Dunstglocke, aber trotzdem war die Sicht gut genug, um zu erkennen, wann das neue Opfer an der Gihonquelle dargebracht würde. Die Zeit verstrich unendlich langsam, jedenfalls kam ihr das so vor. Endlich war eine dünne weiße Rauchsäule zu sehen.

Dann ertönte der Laut, auf den sie gespannt gewartet hatte. Selbstbewusst, fast schon vergnügt klang das Schofarhorn: zwei aufsteigende Töne, die irgendwie festlich klangen. Es gab etwas Gutes zu verkünden, bedeutete das. Weitere Hörner stimmten ein. Batseba hielt den Blick fest auf das Wassertor gerichtet, suchte nach den ersten Anzeichen der glorreichen Heimkehr.

Sie brauchte nicht lange zu warten. Der Siegeszug tauchte am Tor auf. An der Spitze mehrere Priester, die Trompete bliesen. Dann Salomo auf einem Maultier – dem weißen Maultier, das allein dem König vorbehalten war. Das Maultier führte Benaja, der Hauptmann der königlichen Leibgarde. Hinter Salomo dann eine große Menschenmenge. Die bedeutendsten Männer im Königreich folgten stolz ihrem neuen König.

Während sich der Zug durch die gewundenen Straßen schlängelte – die ganze lange Strecke bis zum Palast –, schlossen sich weitere Menschen an. Alle jubelten.

Batseba konnte aus ihren Jubelrufen etwas heraushören, vor allem weil sie wusste, was sie hören wollte. *Lang lebe König Salomo!* Machten sie mehr Lärm als Adonijas Gefolgschaft? Was mochten die Leute denken, wenn sie zwei Krönungen an einem Tag erlebten?

Und was noch wichtiger war – was mochte Adonija denken? Und Joab? Wer wusste schon, was Joab tun würde. Es war nicht ausgeschlossen, dass er einen Mordanschlag plante.

Batseba hatte genug gesehen. Sie stieg die Treppen hinunter, um David Bericht zu erstatten. Wenigstens war es eine gute Nachricht, die sie ihm überbringen konnte. Die Menschenmenge, die Salomo folgte, war groß – und laut.

David lauschte ihrem Bericht wortlos, fast unbeteiligt. Wusste er, dass die Geschichte damit noch nicht ausgestanden war? Was würde Adonija tun? Was brachte der nächste Akt in dem Drama, das zur Zeit am königlichen Hofe gespielt wurde?

Wenige Stunden später wusste sie die Antwort.

Salomo war direkt in das Zimmer der Königin gekommen – zusammen mit dem Priester Zadok, dem Propheten Nathan und vielen von Davids Ratgebern. Benaja und seine Leibgarde hatten sich an strategischen Eingängen zum Palast aufgestellt. Davids Spitzel durchkämmten die Stadt nach Neuigkeiten über Adonija. Für den Augenblick konnten sie nur abwarten. Aber sie waren gewappnet.

Ahimaaz, der Sohn des Priesters Zadok, überbrachte die Neuigkeiten. Er platzte ins Zimmer und rief: „Mein Herr und König! Euer Sohn Adonija ist in die Stiftshütte geflohen. Ich habe ihn selbst dort gesehen. Er hält sich an den Altarhörnern fest und fleht um Gnade."

Im nächsten Moment brach ein Freudengeschrei im Zimmer los. Die Menschen malten sich aus, was geschehen war.

Batseba hatte die Altarhörner zwar noch nie gesehen, wusste aber, dass es Griffe an dem Opferaltar in dem großen Zelt der Stiftshütte waren. Adonija hielt die Hörner fest – das bedeutete, er suchte Zuflucht, Schutz vor Salomos Zorn. Batseba sah ihn förmlich dort stehen, wie er sich festklammerte und um Gnade bat.

Ahimaaz fuhr fort: „Ich bin selbst in die Stiftshütte gegangen und habe mit ihm gesprochen. Er bat mich, dir auszurichten, dass es ihm Leid tut, dass er dir so viele Sorgen bereitet hat. Wortwörtlich, mein König, hat er gesagt: ‚Sag König Salomo, ich werde diesen Altar nicht verlassen, bis er geschworen hat, mich nicht zu töten!'"

Zwei Dinge fielen Batseba bei Ahimaaz' Bericht auf. Zum Ersten, dass er sich an David richtete, nicht an Salomo. Gut – solange David lebte, war er der König und Salomo nur der Mitregent. Zum Zweiten, wie Adonija Salomo genannt hatte: *König Salomo*. Den Männern im Raum ging sofort die Bedeutung dieser Anrede aus Adonijas Mund auf, denn sie riefen durcheinander und fuchtelten vor Freude mit den Armen. Selbst David lächelte, als er sich entspannt zurücklehnte.

Alle schienen sich zu freuen – alle außer Salomo. Der junge Mann stand mit ernstem Gesicht neben dem Bett seines Vaters. Er runzelte die Stirn und rieb sein Kinn mit Daumen und Zeigefinger – die charakteristische Geste seines Vaters.

Der Jubel im Zimmer wurde schwächer, als die Männer bemerkten, dass sich ihr neuer Mitregent nicht genauso freute wie sie.

Batseba lief es eiskalt den Rücken hinunter, während sie ihren Sohn beobachtete. Was bedeutete dieser finstere Blick? Würde er gleich zu Beginn seiner Herrschaft das Blut seines Bruders fließen lassen, wie sie es insgeheim befürchtet hatte?

Salomos Stimme klang frostig. „Wenn er aus angemessener Unterwerfung handelt", sagte er bedächtig, „werde ich ihm kein Haar krümmen. Das verspreche ich. Aber ... wenn er auch nur ein einziges Mal wieder einen Aufruhr anzettelt, so wird er sterben."

Batseba stieß einen Seufzer der Erleichterung aus. Salomos erste Amtshandlung war also ein Akt der Gnade. Aber die Gnade war eingeschränkt durch eine ernste Warnung.

Sie nickte und bewunderte wieder einmal seine Klugheit. Der neue König hatte soeben alle darauf hingewiesen, dass er ein freundlicher König sein würde wie sein Vater. Aber kein schwacher, einfältiger König. Er schien deutlich sagen zu wollen: *Nehmt euch in Acht! Jawohl, ich bin gnädig. Aber ich werde es nicht dulden, wenn jemand diese Gnade ausnutzt.*

19

Nun, da Salomo auf dem Thron Israels saß, zog David sich immer mehr zurück. Es war fast, als sei eine schwere Last von seinen Schultern genommen. Die meiste Zeit des Tages verbrachte er auf seinem Ruhebett; lediglich an warmen, sonnigen Tagen bat er, in den Hof getragen zu werden.

Salomo regelte die Staatsangelegenheiten so umsichtig und geschickt, dass man sogar in den Nachbarländern bewundernd von seiner Weisheit und seinem Urteilsvermögen sprach.

David hörte zwar zu, wenn über Salomos Taten berichtet wurde – aber eigentlich, so hatte man den Eindruck, interessierte ihn nur noch ein Thema: einen Tempel für Jahwe zu bauen.

Batseba dachte an die Zeit vor vielen Jahren, als David so häufig davon geredet hatte.

„Es ist nicht recht", hatte man ihn oft sagen hören, „dass ich in einem prächtigen Palast lebe, während mein Gott in einem Zelt wohnt."

Am liebsten hätte er gleich mit dem Bau begonnen, doch Gott hatte immer wieder durch seinen Propheten Nathan ausrichten lassen: „Nein, es ist noch nicht Zeit, einen Tempel zu bauen." Und gehorsam hatte David sich Gottes Willen gefügt.

Während Batseba diese Zeit an sich vorüberziehen ließ, glaubte sie zu verstehen, warum David sich jetzt so sehr um den Bau des Tempels sorgte.

David war ein anderer Mensch geworden, seit er sie, Batseba, geheiratet hatte. Seit der Nacht, als er sie zu sich aufs Palastdach bestellt und dann Uria in den Tod geschickt hatte, litt er unter dieser seiner Schuld. Immer wieder hatte Jahwe ihn dafür bestraft, und diese Bestrafung würde – wie David vermutete – niemals aufhören.

Seltsam, dass sie, Batseba, anders mit ihrer Schuld umgehen konnte. Seit jenen morgendlichen Gesprächen mit Nathan, als der alte Prophet ihr die Augen dafür geöffnet hatte, dass Gott ihr Liebe und Vergebung anbot, waren ihre Schuldgefühle wie weggewischt. Sie hatte Gottes Vergebung erfahren. Wie war es bei David?

Er hatte über all die Jahre hinweg unter der Last seiner Sünde gelitten. Alles was ihm widerfuhr, verstand er als unmittelbare Strafe von Gott. Als sein Sohn Absalom rebellierte und während der Rebellion umkam, litt er besonders stark.

Ja, sinnierte Batseba, David hatte den Frieden nicht kennen gelernt, der in ihr war. Zudem bedrückte es ihn sehr, dass er den Tempel nicht bauen konnte. Seine Schuld wog dadurch noch schwerer. Wahrscheinlich empfand er auch das als einen Teil von Gottes Strafe.

„Ich habe getan, was ich konnte“, sagte er eines Tages zu Batseba. „Unser Sohn Salomo ist jung und geschickt. Er soll das Haus für Gott bauen. Und er wird Gottes Frieden in unser Volk zurückholen.“

Aus dem Libanon waren Riesenmengen Zedernholz importiert worden. König Hiram, ein alter Freund von David, hatte alles geschickt, was er für das lang erwartete Projekt brauchte. Dazu gehörte nicht nur das Material, sondern auch Architekten und Handwerker. Alles war bereit – man wartete nur noch auf eins: auf Davids Tod.

Wenn Salomo seinen alten Vater besuchte, sprach David mit ihm einzig und allein über den Bau des Tempels. „Lass dies dein erstes Projekt sein, mein Sohn“, sagte er dem jungen König. „Gott hat dir viel Weisheit geschenkt. Du wirst sie brauchen. Wenn du dem Herrn ein Haus baust, wird er Israel segnen. Nicht nur zu deinen Lebzeiten, sondern auch während der Herrschaft deiner Nachkommen ... für alle Zeiten."

Und Salomo versprach – ja, er schwor sogar vor Gott –, dass der Tempel gebaut werden sollte.

20

Als der Yoreh einsetzte, der erste Regen der kalten Jahreszeit, kam David nicht einmal mehr hinunter in den Hof. Er verließ sein Bett gar nicht mehr.

„Mir ist kalt", sagte er zu Batseba, und seine zitternden Glieder bestätigten seine Aussage.

Die besten Ärzte waren ständig um ihn bemüht, darunter auch Kapazitäten aus Ägypten, Syrien und sogar Babylonien. Aber sie konnten nichts für ihn tun.

„Er liegt im Sterben", sagten sie zu Batseba. „Nur Jahwe kann ihn jetzt noch retten."

Sie musste lächeln, denn die ausländischen Ärzte verehrten ja ihre eigenen Gottheiten.

Decken wurden über David gebreitet – so viele, dass er unter ihrem Gewicht kaum noch atmen konnte. Man versuchte es mit heißen Umschlägen oder mit erhitzten Steinen, die man ihm ins Bett legte – doch er schrie nur laut auf, weil er sich verbrannt hatte.

Schließlich kam Benaja mit einem genialen Vorschlag. Der alternde Hauptmann der Leibgarde war seinem König treu geblieben, während viele andere – einschließlich Joab – ihn verlassen hatten. Benaja kam fast täglich, um sich nach dem Gesundheitszustand des Königs zu erkundigen.

Als er David zitternd auf den Kissen liegen sah, trat ein Ausdruck tiefer Besorgnis auf sein Gesicht. „Mein König", flüsterte er. „Was kann ich für dich tun?"

David schüttelte den Kopf. „Nichts, mein Freund. Du kannst mich nicht wärmen."

Benaja versuchte das Interesse des Königs an dem Tempelbauprojekt neu zu entfachen, aber selbst dafür war David nicht mehr zu begeistern. Nach kurzer Zeit stand Benaja auf und wandte sich zum Gehen.

Draußen in der Vorhalle nahm er Batseba beiseite. „Kann man denn gar nichts für den König tun? Er friert doch so!"

Batseba erklärte ihm, wie alle Versuche der Ärzte fehlgeschlagen seien. Nichts half gegen sein inneres Frieren.

Benaja hörte mit finsterer Miene zu. „Eins kannst du noch versuchen", sagte er. „Such ihm eine Jungfrau als Konkubine. Die wird ihn bestimmt aufwärmen."

Batseba schüttelte erneut den Kopf. „Auch das hat keinen Sinn. Er hat sich vor Absaloms Rebellion zum letzten Mal Konkubinen genommen. Die zehn jungen Frauen, die Absalom ins Verderben geschickt hat, waren die letzten. Und ... er hat auch keine Lust. Glaub mir, ich muss es doch wissen."

Benaja nickte. „Trotzdem, eine junge Konkubine kann nicht schaden. Vielleicht kann sie seinen Körper wärmen – das wenigstens."

Als der Hauptmann der Leibgarde gegangen war, trat Batseba an Davids Bett. Sie erzählte ihm von Benajas Vorschlag. Zu ihrer Überraschung stimmte er zu.

„Vielleicht hilft es", murmelte er. „Ich werde alles versuchen."

Benaja übernahm selbst die Verantwortung für seine Idee. Er trommelte Davids alte Garde zusammen, die von Davids dreißig Helden übrig geblieben waren.

„Zieht durch das ganze Land", befahl er ihnen, „und sucht das schönste Mädchen, das ihr finden könnt. Das wird der letzte Liebesdienst sein, den wir für unseren geliebten König tun können."

Jeder der alten Männer, die zu dieser Mission ausgeschickt worden waren, brachte eine Jungfrau seiner Wahl mit. Benaja und Batseba schauten sie sich an. Sie alle waren hübsch, sympathisch, lebhaft.

Schließlich fiel die Wahl auf ein dunkelhaariges schlankes Mädchen aus dem Dorf Schunem am Rande der Jesreel-Ebene. Die junge Frau erklärte, dass sie ihrem König unbedingt helfen wolle. Abischag sei ihr Name.

Man brachte sie noch am selben Abend zu David. Batseba blieb gerade lange genug, um mitzubekommen, wie sie neben ihm unter der dicken Decke verschwand. Als David sie in seine Arme nahm, ließen Batseba und die anderen sie diskret allein.

Batseba war überrascht, dass sie keine Eifersucht verspürte. Aber so war es eigentlich immer gewesen. Auch auf die anderen Ehefrauen, die David geheiratet hatte, oder auf die Konkubinen, die er genommen hatte, war sie nicht neidisch gewesen. Das war eben Landessitte – andere Könige hielten es genauso. Während das Gesetz des Mose die Einehe als Ideal vorsah, duldete es doch weitere Nebenfrauen, damit mehr Söhne geboren wurden und der Familienname erhalten blieb. Besonders Königen gegenüber war das Gesetz nachsichtig; sie wurden lediglich ermahnt, nicht allzu viel Wert auf die Anzahl der Ehefrauen und Konkubinen im Königshause zu legen.

Was Batseba weit mehr bedeutete, war die Liebe. David hatte ihr so oft seine Liebe gestanden. Er hatte nie eine andere geliebt – mit Ausnahme von Abigail. Selbst jetzt, da die Lust ihres Ehemannes im Alter nachgelassen hatte, war sie sich seiner anhaltenden Liebe sicher. Und die Liebe war etwas anderes als Lust.

Früh am nächsten Morgen ging Batseba ins Schlafzimmer. Abischag schlüpfte gerade aus dem Bett und zog sich eilig an. David schlief tief und fest.

Die junge Frau sah besorgt aus.

„Ist alles in Ordnung?“, fragte Batseba.

Sie seufzte. „Anscheinend fühlte er sich wohl, und er hat auch ganz gut geschlafen. Aber …“

„Aber was?“

Das junge Gesicht verdüsterte sich. „Ich weiß nicht so recht … Also, ich glaube … Na ja, er will mich nicht wieder an seiner Seite haben.“

„Warum sagst du das?“

„Er hat in der Nacht etwas gesagt …“

„Was hat er gesagt?“, forschte Batseba nach.

„Er hat gesagt: ‚Wir dürfen das nicht tun, Liebes. Es verstößt gegen das Gesetz des Mose.‘“

Batseba lächelte und atmete erleichtert auf. Sie wusste genau, was ihr Mann damit meinte.

„Das bezog sich nicht auf dich, glaub’s mir. Du weißt ja, wie alte Leute sind – oder vielleicht weißt du es auch nicht. Seine

Gedanken wandern. Er meinte etwas in der Vergangenheit. So ein komischer Traum, der nichts mit dir zu tun hat."

Ihre ruhige Versicherung besänftigte das Mädchen, und sie sprach nicht weiter darüber. Sobald David erwachte, schlüpfte sie auch gehorsam wieder neben ihn unter die Bettdecke.

Er nahm sie dankbar in den Arm.

Batseba runzelte die Stirn bei dem Gedanken, was ihr Mann in der Nacht zu der Frau gesagt hatte. *Gegen das Gesetz des Mose.* Dieselben Worte hatte er damals zu ihr gesagt. Damals, als Uria noch lebte, als ihre große Sünde ihren Anfang nahm.

Also trug David noch immer diese Schuld mit sich herum. Selbst wenn er nur halb bei Bewusstsein war.

21

Alle ahnten, dass David die Regenzeit nicht überleben würde. Auch David wusste es.

„Bring Salomo zu mir", sagt er eines Tages zu Batseba. „Ich möchte ihm meinen Segen geben."

Als Salomo kam, schickte David alle fort – alle außer Abischag. Nicht einmal die kurze Zeit, die er brauchte, um mit seinem Sohn zu reden, konnte er die Kälte ertragen.

Über eine Stunde dauerte Davids Unterredung mit Salomo. Als der junge König schließlich wieder aus dem Zimmer auftauchte, machte er ein grimmiges Gesicht; aber er weigerte sich, über das zu reden, was sein Vater ihm gesagt hatte.

Batseba vermutete, der Segen habe etwas mit dem Bau des Tempels zu tun. Wenn er das zu seiner höchsten Priorität erklärte, würde Jahwe auch weiterhin sein Versprechen durch ihn und seine Nachkommen einhalten. Das Versprechen war, dass Israel eine große Nation sein würde. Das Land sollte für immer ihnen gehören. Und durch seine Nachkommen sollten alle Menschen auf der Erde gesegnet werden.

Die Tage vergingen in lähmender Langsamkeit. Die meiste Zeit schlief David. Das Mädchen aus Schunem war anscheinend immer bei ihm. Auch Batseba blieb an seiner Seite und umsorgte ihn. Häufig bat sie alle, den Raum zu verlassen. Die Bedürfnisse eines sterbenden Mannes brauchten nicht öffentlich zur Schau gestellt zu werden. Im ganzen Haus verbreitete sich eine gedrückte Stimmung.

Batseba war dankbar für Benajas Hilfe. Der treue Hauptmann der Leibwache war immer da, wenn sie ihn brauchte. Er setzte ihre Anordnungen durch und sorgte für Ruhe, wenn sie ungestört sein wollte.

Eines Nachts wachte Batseba plötzlich auf. Was hatte sie geweckt? Sie schaute sich im Zimmer um. Alles war ruhig. Die Lampen auf den Regalen im ganzen Raum flackerten; der Arzt döste in einer Ecke. Alles sah aus wie immer.

Dann schaute sie zu David hinüber. Er lag auf seinem Kissen; Abischag dicht an seiner Seite. Doch er war wach und starrte sie an. „Batseba, meine Liebe", flüsterte er.

Sie wusste, dass er in dem Moment bei vollem Bewusstsein war. Sie hatte gehört, dass viele Menschen unmittelbar vor ihrem Tod einen ganz klaren Verstand haben. War dieser Zeitpunkt jetzt gekommen?

Abischag schlief tief und fest mit der gesunden Hingabe der Jugend. Ein Gefühl des Friedens überkam Batseba, als ihr bewusst wurde, dass dies der letzte vertraute Moment mit ihrem Liebsten war.

„Ich bin hier, mein Ehemann."

Sie legte ihr Gesicht auf das Kissen, ganz nah an seinem.

„David", flüsterte sie. „Ich habe dich immer geliebt, seit wir das erste Mal auf dem Palastdach zusammengekommen sind." Würden ihre Worte wohl zu ihm vordringen und ihn an seine Schuld vor Gott erinnern?

Er lächelte und flüsterte etwas – so leise, dass sie es kaum verstand. Sie kam mit dem Kopf näher, bis ihr Ohr fast seine Lippen berührte. Sie spürte seinen schwachen Atem und wusste, dass er etwas sagte, aber so schwach, dass sie es nicht mitbekam. Dann wurde ein Satz vernehmlich: „… so fern, wie der Osten vom Westen …"

Eine Welle der Freude durchfuhr Batseba. Nun wusste sie, was er da sagte. Einer seiner Psalmen war auf seinen Lippen, ein Lied, das er vor vielen Jahren komponiert hatte. Es besang in zarten

Tönen die Liebe Gottes, der nicht mit uns umgeht, wie wir es verdient hätten. *So fern, wie der Osten vom Westen liegt, so weit wirft Gott unsere Schuld von uns!*

David hatte mit diesem Lied seine Hoffnung ausgesprochen, dass Gott ihm die Last der Schuld abnehmen würde, die so schwer auf ihm lag. Und doch war die Last nie ganz von ihm gewichen. Bis zu dieser Stunde. Doch jetzt – endlich – erfuhr David diese Vergebung! Sie konnte ihm die Erleichterung vom Gesicht ablesen.

Batseba lächelte. Für einen Außenstehenden war es sicher unverständlich: Ihr Ehemann lag sterbend neben ihr, und sie konnte lächeln … Er erwiderte ihren Blick. Sie verstanden einander.

Sie würde seinen Tod nicht betrauern. Natürlich würde sie ihre Kleider zerreißen, sich Staub überwerfen und lautes Wehklagen anstimmen wie alle anderen. Sie würde Tränen vergießen und ihren Schmerz offen zum Ausdruck bringen. Doch tief in ihrem Innern würde sie nicht trauern, sondern sich freuen, dass er das Ziel erreicht hatte.

Wieder versuchte David zu sprechen. Sie beugte sich näher zu ihm.

„… dunkle … Täler …“

Auch dieser Psalm war Batseba gut bekannt. Es war der Hirtenpsalm – jenes Lied, von dem sie ahnte, dass in Zukunft noch viele andere Menschen darin ihren Trost und Frieden finden würden – so wie sie heute.

David konnte das Lied nicht mehr beenden. Batseba lächelte unter Tränen. Zumindest nicht in diesem Leben.